# 戒了吧！
拖延症

宋犀堃 _____ 编著

图书在版编目(CIP)数据

戒了吧！拖延症／宋犀堃编著. -- 成都：成都地图出版社有限公司，2019.4(2023.10重印)
ISBN 978-7-5557-1168-1

Ⅰ.①戒… Ⅱ.①宋… Ⅲ.①时间-管理-通俗读物 Ⅳ.①C935-49

中国版本图书馆CIP数据核字(2019)第064027号

**戒了吧！拖延症**
**JIELEBA TUOYANZHENG**

编　　著：宋犀堃
责任编辑：游世龙
封面设计：松　雪
出版发行：成都地图出版社有限公司
地　　址：成都市龙泉驿区建设路2号
邮政编码：610100
电　　话：028-84884648　028-84884826（营销部）
传　　真：028-84884820
印　　刷：三河市泰丰印刷装订有限公司
开　　本：880mm×1270mm　1/32
印　　张：6
字　　数：136千字
版　　次：2019年4月第1版
印　　次：2023年10月第9次印刷
定　　价：35.00元
书　　号：ISBN 978-7-5557-1168-1

版权所有，翻版必究
如发现印装质量问题，请与承印厂联系退换

# 前　言

下面这些情形，在每个人身上都可能发生：

工作上的一件事情，需要你在一定时间内完成，你会想，明后天再说，到了明后天，……这样一直拖到不能再拖了，才不得不着手去做，结果事情做得很不好，领导批评，自己烦恼。

要你在一段时间里写一份材料或一篇论文，你会拖到最后几天才动手，结果写出来的东西非常糟糕，根本用不成。

让你下学期讲一个教学专题，你会想还早得很，一拖再拖，临近讲课了才去准备，结果讲课效果很差。

生活中遇到一点麻烦，你会无意识地回避，不主动去解决，直到小麻烦变成大问题，难以解决。

类似情形，在我们的生活工作中有很多，它们的共同点是：结果都很糟糕，而你的心情也很差。

如果那些情形只是偶尔发生，那还不要紧，如果经常发生，甚至成了难以改变的习惯，那就得注意了。 这些情形，就是"拖延"，这是人们一种普遍的心理和行为现象。 每个人都会有这样那样的拖延习惯，不严重的是小毛病，严重的就是"拖延症"。 不管严重还是不严重，拖延对于生活和工作，都不是好事情。工作和生活中，很多人被"拖延症"所困所害而不自觉。拖延症是一种"慢性隐性病"，短期看似乎影响不大，从长远看危害就大了。

在现代社会，不确定性和风险增加，竞争激烈，信息汹涌，生活节奏快，工作压力大，使拖延症成为一种普遍现象。拖延症已引起人们的关注，心理学家甚至把拖延症作为一个学科问题来研究。

本书采用案例与理论相结合的方式，解析了导致每一种拖延行为模式的深层原因，指出其危害性，并提出了克服拖延、高效行动的方法。

2019 年 4 月

# 目　录
## CONTENTS

**第一章　自我审视，你是否有拖延症**
　　拖泥带水不到位 / 002
　　半途而废总反复 / 005
　　毫无计划乱执行 / 007
　　工作时断时续 / 010
　　总是被临时事件牵着鼻子走 / 014
　　总是遇到漫无目的的谈话和会议 / 018

**第二章　犹豫、盲目、懒惰，导致拖延的三大顽疾**
　　延迟决定是最大的错误 / 024
　　想成功就一定不要犹豫不决 / 031
　　该出手时就大胆出手 / 036

不要让你的人生处于盲目状态／041

怠惰会成为毁掉你一生的大敌／044

克服懒惰，做自己的主人／047

第三章　明确计划，有目标的人从不拖延

成功需要计划／052

越有操作性，执行越容易到位／056

设置目标，指明方向／058

根据具体变化调整执行计划／062

给自己设计合理的执行流程／066

尽量简化执行流程／070

利用备忘录，提高执行效率／073

**第四章　克服拖延，一定要学会时间管理**

　　明确你的时间观念 / 078

　　赢取时间的 19 个方法 / 083

　　踩准生物钟，效率有保障 / 086

　　改变你的习惯 / 088

　　有效时间管理的四个步骤 / 091

　　马上行动 / 094

**第五章　告别瞎忙，让自己进入高效节奏**

　　再急的事也要沟通协调好 / 098

　　利用科技改善工作流程 / 100

　　赢在速度 / 102

　　在最有效率的时间里工作 / 106

告别"瞎忙",才能让执行的效率提高／108
事前准备等于把时间提前／113

第六章　提升速度,克服拖延需要马上行动
别等"万事俱备",接到任务马上执行／116
心动不如行动／120
不做人见人嫌的"拖拉族"／123
第一次就要把任务完成到位／127
成功属于大胆行动的人／133

第七章　拒绝借口,心不难,事情就不难
没有任何借口／138
不找借口,再艰巨的任务也能完成／142

不找借口，再复杂的关系也能处理好／145

不找借口，再难解决的问题也能解决／148

抛弃借口基因／151

**第八章　掌握方法，提高效率要靠技巧**

简化流程，提高执行成效／156

感情投入，提升亲和力／165

直面问题，拒绝借口／168

全面地看问题／169

杜绝执行中的个人英雄主义／171

具体问题要具体分析／173

学会参考和借鉴／174

遇到问题找方法／175

刚柔相济，执行兼顾情理／177

第一章

## 自我审视,你是否有拖延症

## 拖泥带水不到位

拖延症意为"将之前的事情放置到明天"。很多时候，我们都是在不知不觉中掉进了拖延的陷阱。拖延症最明显的症状之一就是拖拉，主要有三种情况：

1. 态度上拖拉

有一个企业，他们的仓库管理员都会有一张料卡，在这张卡上需要记录一些实时情况，要做到账账相符、账物相符、账卡相符。但是有人发现，在9月12号的时候，卡片上的记录却只到2月1日。于是发现问题的这位负责人去问管理员，仓库的资料是不是有半年没有调动了，他说每天都会有出入。负责人就问为什么料卡上没有任何记录，管理员说因为太忙了，所以没有时间去记录。后来这位负责人发现在他们企业里有很多人都有今天的事情拖到明天做的习惯，甚至有时候直接不去做。

2. 行为上拖拉

对于相同的工作，有些人可能一个小时就做好了，但是有些人可能一天都不会完成，即使后者的技术不够熟练，但很明显他在做事情上要比前者慢了很多。

3. 过分追求完美而导致拖拉

就比如一个设计师，总是希望把自己最好的设计交给老板，于是每天上班的时候打开电脑把自己设计的东西改一改，第二天又是这样，结果过了很长时间了他都没有交出一个方案来。他的这种行为就是过分追求完美导致的。

其实在任何企业内部都需要营造出一种快速行动的氛围，这样即便是那些做事情很慢的员工，也会在大家的带动下高效工作。

曾经有一家企业的生产车间里从来没有人慢慢走路，所有人都是小跑着，不仅仅是工人，还包括他们的管理人员、统计人员、配料人员和检验人员。每一个有幸来到这个车间的人都会发现，在这里待上十分钟，走路的速度也会增快很多。因为这个团队、这个氛围能够影响别人，影响到别人的心境和行为，自然在这里自己的工作效率也提高了不少。企业领导都应该坚决反对拖拉的行为，并且尽量在自己企业的内部营造一种快速行动的氛围。

马小强曾经在一家国有企业做厂长，也曾经在一些外企里面担任过领导岗位，他不管在哪家企业工作，都会努力给员工营造一个快速行动的氛围。在每天上班的时候，都会在广播里播放《西班牙斗牛士进行曲》，员工听了这种音乐之后，自然会跟着音乐的节奏，快速工作。能够一个小时完成的工作，就不要拖到两个小时；能够今天完成的事情，就不要拖到明天……

浙江银轮机械股份有限公司是一家非常优秀的企业，它是世界工程机械之王——美国卡特彼勒公司的供应商，是福特、沃尔沃、奔驰、戴克的供应商，也是国内玉柴、潍柴、一汽、二汽、上汽等企业的供应商。浙江银轮机械在国内外取得了一些成就，而他们能够成功的原因之一就是能够迅速行动、说干就干，做事情毫不拖拉。

## 半途而废总反复

在执行中,最简单的才是最有效的。很多的制度无法执行下去,并不是因为这个制度有多么复杂,也不是因为流程无法让人理解,只不过是因为执行的过程中不够简练。

在我们的日常工作中,经常会遇到这种情况:如果一位领导在某一个时间段里对某项工作非常重视,那么员工在这个方面的工作效率就会很高,自然犯的错误也会很少;一旦领导对此不够重视了,员工的工作效率就会降低很多,错误也会频出;因为犯的错误太多了,领导又开始重视了,效果就又会好起来。一直会这样反复下去。其实管理者对于一项工作的监管,需要持之以恒,就像烧水一样,不能每壶水都烧开一半,然后丢在那里不管了,一定要紧盯着一壶水烧开,从量变达到质变。在工作中也是一样,一定要坚持让自己的员工养成认真工作的习惯才可以放手。

有一家企业,在中午休息的时候,因为很多人都很无聊,所以大家就会聚在一起打牌,刚开始的时候大家只是抱着玩一玩的心态,可是到了后来,他们就开始赌钱,而且赌的金额也越来越大,从刚开始的5毛钱到了后来的10块钱。企业的领导认为这种行为在企业中不应该发生,于是出台了政策进行处罚:凡是参与打牌的,一个人罚款100元;在一旁看热闹的,一人罚款30元。但遗憾的是这项规定没有能够执行下去，在中午休息的时候，仍旧有人在赌博。原来，刚开始领导是派一位办公室主任去执行这项处罚的，最初这位办公室主任盯得很紧，员工们自然是收敛了很多，但是办公室主任就只有一个，他不可能随时出现在工厂的任何地方，就算有时候这位办公室主任抓住了赌博的人，他们的认错态度非常好，而且又是给办公室主任倒水、又是递烟的，一再说好话，说自己上有父母、下有儿女，希望办公室主任高抬贵手，主任为了之后的工作能够顺利进行，也只能睁一只眼闭一只眼，口头警告一下他们。

上级领导也拿赌博这件事情没有办法，这时办公室主任的一位教授朋友给他出了一个主意，从此之后工厂里再也没有赌博的情况发生了。过了几天，公司出台了一个新规定：凡是赌博的，围观者不罚款，赌博的人中只有一个人接受罚款，就处罚那个姓氏笔画最少的人。比如三缺一的时候，如果大家让老徐来赌博，结果老徐一看，邀请他赌博的一个姓魏，一个姓戴，一个姓曾，自己姓徐，姓氏笔画算是最少的，自然就不愿意来了。

这样姓氏笔画少的人不愿意来赌博，而姓氏笔画多的人邀请不到来赌博的人。在这个案例中，这位大学教授充分认识清楚了人性的弱点，很好地处理了这件事情，从根本上解决了赌博的问题。

作为一个企业的管理者，在解决问题的时候一定要不断提醒自己，不要因为在处理一个问题的时候，又制造出了另一个毛病，管理者的工作是解决问题，而不是制造问题。

## 毫无计划乱执行

工作中，很多员工忙得像无头苍蝇一样，结果到了下班的时候，却这也没完成，那也没完成，这就是执行没有计划带来的后果。没有计划地执行，就常常会出现乱执行的现象。所谓乱执行，是指该执行的不执行，执行的都是不该执行的。

乱执行会导致以下后果：一是效率低下，无法按计划完成任务，任务积压，集中爆发；二是帮倒忙，出现重大失误，造成无法挽回的损失；三是出现越权、违规行为，干扰他人的工作计划，对公司利益造成损害。

员工执行前不做计划，常常有以下原因：一是责任感不强，懒散敷衍，得过且过；二是做事不够认真细致，总是"差不多"和"想当然"，不追求全面；三是没有做计划的习惯，不懂得做计划的重要性。

做计划可以帮助我们理清思路，明确自己的工作目标和方向，从而合理利用时间，高效率地完成任务，并且不漏不缺，合理应对可能出现的变化。此外，做计划也是一种能力，是一种准备工作。在准备的过程中，我们会提前发现很多不明确的问题，方便我们再次进行筛选和确认。比如老板让你做某件事，可能他没交代时间，你做计划的时候可能就会主动去询问完成的时间，这样就把那些可能出现的变化，都清楚明了地列入自己的计划当中。

一家企业的副总裁带着员工在某山庄进行封闭式培训，培训的时间是周五、周六、周日三天，结果到周六下午的时候，有两位部长向副总裁提出请假，请假的理由是总裁让他们周一必须交工作报告。

副总裁问："总裁什么时候给你们下达的任务？"两人说是周三。副总裁打电话问总裁，总裁说我上周五就已经告诉他们了。两人又解释说："上周五总裁没说什么时候交，周三才告诉我们下周一交的。"

副总裁说："你们怎么事先不说呢，来之前也不带电脑。我这笔记本给你们用不行吗？"两人解释："我们没笔记本啊。你的笔记本给我们也没用，我们的资料在公司电脑里。""那你们回去一个人不就行了吗？"副总裁又问。两人回答说："彼此的电脑都设置了密码，我的他找不到，他的我找不到。"

副总裁只能无奈地批示："同意请假！"

因此，在做计划时我们应该把要做的事项搞清楚，何时开始，何时结束，一定要确认一下，否则很可能就会出现让我们措手不及的突发状况。

在一次度假村培训中，公司邀请了一位培训师给员工做培训。刚刚培训了半天，中午吃饭时，培训主管就很抱歉地对培训师说："今天下午的课，您不用讲了。"培训师问他怎么了，他说："下午我们公司的刘总要给我们做动员报告。"培训师问他能调一下吗，他回答说：

"没有办法了。"培训师无奈地说:"那就只好如此吧。"主管便安排把培训师送回了城里。

下午2点,刘总过来给员工做动员报告。到了3点的时候,刘总说:"今天的动员报告就到这里,先休息一会,等下请培训师来继续给大家做培训。"培训主管一听便傻眼了,他问刘总:"对不起,人已经被送走了。您不是说要做动员报告的吗?"刘总说:"我说过要做一下午的动员报告吗?"培训主管支吾着回答不上来。刘总十分生气地说:"培训到此结束,下午全体放假!"

制订计划的方式很多,最常见的是效率手册。比如:
日期:8月7号
8:30~10:00——和甲方进行方案讨论
10:00~14:00——和顾问谈论咨询项目
14:00~14:30——听取部门意见
14:30~15:30——员工意见调查
15:30~16:30——信息总结和思考
16:30~17:30——主持本周工作会议

计划制订出来以后要对照执行,否则计划就成了一纸空文。很多员工上班都使用互联网,但要注意合理利用,不要被微信、QQ、电子邮件等干扰,以免分散注意力。要养成良好的习惯,对这类信息选择一个时段集中处理。

## 工作时断时续

时效中心主席拉利·贝克博士认为，很多人在时间管理上浪费时间最多的原因是时断时续的工作方式。

有些人的身上会有这样一种不良的工作习惯，即实施一个项目，干了一段时间，就中途搁置下来，又重新开始另一件事。这样做的主要原因是他在遇到障碍或问题之前努力工作，一旦遇到障碍或问题，不是想办法冲破障碍或者解决问题，而是用逃避的方式去做另一件事。他们只喜欢做简单和熟悉的事情，因为他们害怕失败。

然而，他们最终还是要回到这些项目上，原先所谓的困扰问题仍然需要解决，时断时续是造成时间浪费和工作效率低下的最主要原因。这种不良的工作方式会消耗掉大量时间和精力，因为重新工作时，还需要花时间调整大脑及注意力，才能在曾经停止的地方继续做下去。毕竟能够立刻找出中断的地方，马上接上原来的思路的人是不多的。

我们可以先看一下石匠是怎么敲开一块大石头的。石匠所拥有的工具只不过是一把小铁锤和一把小凿子，可是大石头却硬得很。当他举起锤子重重地敲下第一击时，没有敲下一块碎片，甚至连一丝凿痕都没有。可是他并不在意，继续举起锤子一下又一下地敲，100下、200下、300下，大石头纹丝不动，上面依然没出现任何裂痕。

　　石匠丝毫没有懈怠，继续举起锤子重重地敲下去。路过的人看他如此卖力而不见成效，却继续硬干，都笑他傻。可是石匠并未理会，他知道虽然自己所做的目前还没看到成效，不过那并不表示没有进展。他又继续敲下去，不知敲了多少下，终于看到了成效，整块大石头裂成了两半。难道说是他最后那一击，才使得这块石头裂开的吗？当然不是。

　　这个故事告诉我们的道理就是：只要我们能够坚持不懈地做事情，别浪费时间，就像石匠的那把小铁锤，敲碎一切横在我们职场路途上的巨大石块，我们就一定会成功。

　　鉴于这种情况，我们必须找出克服工作中时断时续的低效率现象的方法，尽量避免或减少停顿。

### 1. 尽可能在较长的时段内安静地工作

　　假如你手头的工作需要高度集中精神，你要学会在长达几个小时的大段时间内工作，这时你最需要的是安静的环境，比如把手机设成静音状态，或者关上房门在门口贴上"请勿打扰"等字样的纸条。

　　如果你总感觉周围似乎存在着一些干扰，那么你最好在公司以外的地方另找一个工作场所。因为这样可以避免别人打断你的工作，不必把时间耗费在重新集中精神上。

### 2. 雇一名效率高的秘书

　　防止工作时断时续的最佳方法是，在你自己和经常打断你工作的人之间安置一个人，他最好是经老板同意并由老板指派的人。 逐客或者避而不见，可能会感到很不好意思，但是犹犹豫豫、拖泥带水所带来的却是比避而不见更坏的结果。 当你有了效率高的秘书后，这位秘书会安排别人在什么时候来找你，解决这些"干扰源"。

3. 改变用电话的方式

电话的出现为人们的生活和工作提供了方便，但有时过多的电话却会妨碍人们的工作。 电话铃声一响非接不可，结果思路往往被打断。 电话的负面效应有时是我们无法想象的，有人说电话是造成精神紧张、误解、纠纷、效率低下的原因之一。 如果我们换一个思考的角度来处理这一难题，让电话为你提供方便而不是干扰你，电话的积极作用就显而易见了。

千万不要成为电话的奴隶，要把电话作为有用的通信工具来使用。 避免电话干扰的方法之一，是电话不直接接入你的办公室，这样可以有效地避免不必要的干扰。

另外，争取在清晨开始工作。 专家发现清晨工作时较少受干扰，而且效率是一天当中最高的。 如果在清晨开始工作，你会发现你那一天干劲特别足，工作效率就会提高。

4. 办公室的设计应能避免干扰

工作最紧张的时候，最让人心烦的莫过于那些来自各个方面的干扰了。 如果你对自己的办公室设计有发言权，你要把它设计成允许来访者进入时他们才能进入的格局。

可能的话,把办公室安排在恰当的位置,以便你在外出或去卫生间时看不见其他人,这样做可以避免闲聊。

你不妨尝试一下以上的几种方式,如果你能领会并且付诸实施,那你工作效率的提高自然不在话下。

## 总是被临时事件牵着鼻子走

我们的日常工作并不是一成不变的，我们所规划好的日常事务也不是永恒的，事实上，我们的计划经常被打乱，我们正在做的事情也经常会被打断。因为我们生活在社会中，总是要跟不同的人打交道，这就决定了我们的时间有一部分是被别人决定的，这就是在工作中经常出现的意外临时事件的原因。

这些意外出现的临时事件中，有不少是领导吩咐下来的，于是大多数时候，我们便迫不及待地先去完成这些事情，然后再回来继续自己的工作，结果一天下来又堆积了不少未完成的工作。对此，我们的理由仍然是：工作量太大了，事情太多了，所以，在8小时内我没有办法做完这么多事情。

但是，真的是工作任务太多，时间太少吗？这个时候，不妨看看身边的同事，难道他们没有被安排临时事件？难道大家都跟自己一样，没日没夜地加班，依旧没能完成手中的工作？如果不是，那么，我们就要从自身来找原因了：这些临时的事件中，真的是每一件都是很紧急而且很重要，必须要当下去完成的吗？难道就没有可以往后拖延处理的？相信大家的答案都是肯定的，那么，在接手这些临时事件的时候，我们就要首先确认这些工作，是必须急着去完成的还是可以延后处理的。

赵丹进入公司以来，已有半年的时间了，渐渐熟悉

## 第一章　自我审视，你是否有拖延症

了自己的工作流程和相关业务，于是，被指派的工作也多了起来。又因为他的办公桌靠近刘经理办公室，于是经常在工作中，他听到刘经理在隔壁喊："小赵，帮我到前台去拿一份快递！""小赵，帮我冲杯咖啡。""小赵……"于是，赵丹不得不放下手中的工作，去做刘经理交代下来的临时任务。这样，一天下来，自己的工作中不知道被夹杂了多少临时事件，不仅工作思路一而再再而三地被打断，而且要花费更多时间再次进入状态；不仅被临时事件占用了不少时间，使得自己手头的工作没有时间去完成，而且工作效率大大降低。

在赵丹的计划中，打算周一早晨在办公室完成一个采购计划，但周六晚上领导给她打电话说："小赵，下周一到河北出趟差，搞定×××项目。"这时候赵丹能怎么办呢？难道要告诉领导："对不起，我打算下周一写采购计划的，你应该在我上周制订这个计划的时候通知我！"那么领导大概会告诉她："对不起，我的公司不需要你这样的可怜虫。"所以，赵丹不得不应下去出差的事务，那么采购计划的构想便要被延迟，而这件事情本来是决定在下周解决完毕的。赵丹烦躁不已。

赵丹想起自己同一办公室的王丽凡，两人差不多时间进入公司，最初的时候，也跟自己一样忙碌，但是，熟悉之后，人家几乎就没再加过班，每件事情也完成得井井有条，尤其，他也有跟自己一样的状况，时常被领导安排一些临时事件。于是，赵丹决定打电话向他请教。

王丽凡说："在接手临时工作的时候，你有没有确认过,这些事情,是不是眼下必须要去完成的,还是可以往后拖延一段时间的?如果是可以拖延的,那就等到自己手头的工作告一段落时,再去做也不迟呀。"

赵丹似乎有点明白自己忙碌不堪的原因了,于是,按照王丽凡的提醒,将这几天接到的临时事件整理了一下,果然发现有好多事情是可以往后拖延几天的,而自己却当时就急急忙忙去做了,自然浪费了不少工作时间。

于是,在接下来的工作中,赵丹也学乖了,再接到临时事件的时候,先确认是否需要立即去做,然后根据具体情况来安排事件的进度。果然节约了不少时间,再也不用每天都加班了。

在工作中,总是会遇到这样那样的意外突发事件,有些事很紧急,是需要我们立即着手去做的,当然,也有一部分是不紧急的,不需要我们放下手头的工作去处理,我们就可以往后拖延几天,等工作告一段落的时候再去处理,这样便可以节约来回奔波的时间,也不必担心工作思路随时被打断,效率自然会大大提高。

遇到临时事件的时候,若总是想着先去处理该件事情,便会被临时事件牵着鼻子走,正在进行中的事件被打断思路不说,进入新的事件状态也需要一段时间,这样便会浪费好多时间,致使紧急的工作任务因为时间不够而无法完成。所以,在被插入临时事件的时候,我们必须要先确认该事件是否可以延后处理。那么,什么样的临时事件需要立即着手去做,而什么样的事情可以延后处理呢?

当临时突发事件估计完成时间在两分钟之内的话，还是应该立即去完成它，比如说：

（1）打一个回访电话。

（2）给老板冲一杯咖啡。

（3）到隔壁办公室取一份文件。

（4）让×××编写项目计划。

我们将临时事件分为四类：重要而且紧急、重要但是不紧急、不重要但是紧急、不重要而且不紧急。这四类事件中，急需我们去处理的自然是重要而且紧急的临时事件，不重要但是紧急的事情也需要我们适时放下手头的工作，先去处理。而剩下的两类，则是可以延后处理的。对于不需要立即去处理的事件，就可以把它当作一般事件放进待办文件夹，继续手头的工作。

## 总是遇到漫无目的的谈话和会议

不论是在工作还是生活中，谁都不可能遗世独立，只埋头做自己的事情就可以。所以，在与同事、领导或是客户打交道的过程中，总免不了各种各样的谈话或是会议。而这些，则有可能会成为我们工作的大部分内容。因为不论你从事什么工作，在哪个岗位上，都避免不了要与同事领导沟通，要根据客户的意见来改进产品或是开发新产品。而且，很多重要决策都是在会议上商讨出来的。

那么，你是否遇到过这样的情况：跟客户通电话的时候，说着说着就不自觉地转到了跟工作毫不相关的闲聊上面，兴高采烈地话家常，于是，时间就不知不觉被浪费掉了；在会议期间，因为迟迟拿不定主意，会议的时间被一拖再拖，不知不觉中，浪费掉了很多的时间导致自己没有时间去完成接下来的工作或是计划表上的事情。

刘兴华是业务部的员工，每天都在跟各种各样的新老客户打交道，介绍公司的新产品，对老产品做些回访，并为新产品开发搜集相应的信息和建议。于是每天的工作基本都是在电话、邮件与小组讨论会中度过。刚开始时，刘兴华的同学们都很羡慕这份看上去很轻松并且没有具体时间限制的工作，刘兴华也很是自得。但是，试用期一过，正式融入公司之后，刘兴华却是有苦难言。这工作看似轻松,实则不然。虽然每天计划的日程表上只有那么几件事情,而且也没有多大的难度,但是实践起来却完全不是那么一回事了。比如,跟客户介绍新产品的时候,为了熟络彼此之间的感情,而不是单纯为了交易而交易,刘兴华总是象征性地向客户问一些生活中所关心的事情,十几分钟之后,才将话题扯回到产品上面。然后,谈完产品之后,不自觉地又回到家常上面,直到觉得似乎是没话说了,才挂断电话。这样下来,一个上午的时间,也就只能跟五六位客户联系完,而计划表上,还有七位急需联系的客户。中午匆匆忙忙吃完午饭,刘兴华打算继续沟通,但是,小组长却过来通知:下午有个小组讨论会,关于新产品的反馈意见,每个人都必须参加。等到会议结束的时候,已经下午4点半了。刘兴华的各种任务自然是没办法完成的。但是,这个工作却不太适合加班,即使加班,也只能比下班时间延后一个小时。所以,到了周末的时候,望着同事们兴高采烈地计划着游玩地点和出行,而自己只能独自在办公室加班。

渐渐地,刘兴华就觉得力不从心了,一个月里,没有一天能够好好地休息,就算是铁打的人,也受不住啊。于是,刘兴华决定改变自己的现状。观察了好几天,刘兴华发现自己小组里副组长的效率可以算是小组里数一数二的,而且人又温和,于是,刘兴华决定向他请教。副组长听说了刘兴华的情况之后,向他提了一个小建议——缩短与客户打电话的时间,遇到无法立即结束通话的时候,要适时向对方做一些小的暗示;在会议中也是,若是会议进入到了漫无目的地谈话中,就要做出一些明显的小动作,提醒对方自己时间紧张。

刘兴华按照组长的建议去做,一段时间之后,果然工作效率大大提高,在一天的8小时内,很轻松就能完成日程表上计划的事情。并且因为不用再加班,周末有足够的时间休闲娱乐,他整个人的精神状态也更加好了,工作起来也更得心应手。

无论何时,我们都避免不了与同事或是客户、领导谈话,更不可避免公司内部的一些决策讨论会议,那么,怎样才能不让这些谈话和会议发展成为浪费时间的无聊事情呢? 这时候,我们就要学会巧用各种小动作来提示对方,自己的时间很宝贵,还有很重要的事情需要去做,从而从这些事情中解脱,将时间花费到真正需要的事情上去。

我们经常跟各式各样的人打交道,但往往由于各种各样的原因,我们没有自始至终把注意力集中在一件事情上,也就是自己最初的目的。 而是在不停地谈话中,渐渐忘记了这个目的,于是,谈话就变得毫无意义,且浪费了自己和他人的时间。 在公司例会或是与合作伙伴的商谈会议中,也可能会如此:因为一时没有更好的主意,为了掩饰自己的尴尬或是拖延时间给自己整理思路,于是将话题扯到完全不相关的地方上去,时间就被这么浪费掉了。 现实工作中,这种情况并不少见。 那么,究竟是什么让我们的谈话和会议变得毫无意义呢?

(1)为了避免尴尬,从其他主题切入谈话。

(2）谈话没有技巧，不能及时切入主题。

(3）瞻前顾后，吞吞吐吐。

(4）条理不清晰。

(5）没有事先列出谈话或是会议要点清单。

(6）不明确自己的目的。

每个人每天都只有 24 个小时，这有什么区别呢？ 区别之处在于时间的单位价值。 那么，怎样提高单位时间的价值呢？ 这有两种办法：一是在单位时间内做更多的事情；二是在单位时间内做更重要的事情。 漫长的谈话和无重点的会议不仅会大大浪费我们的时间，还会让我们的工作变得紧张而无序。 为了避免时间被无意义地浪费掉，我们就要学会适时掐断无意义的谈话和冗长而找不到重点的会议，那么，如何来做呢？

(1）每次通电话之前，先想清楚自己的目的。

(2）适当寒暄几句，快速进入主题。

(3）将事情说清楚之后，不要再漫无目的地瞎扯，而是尽快结束谈话。

(4）会议开始前，在纸上写几个关键词，作为自己发言的要点。

(5）尽量言之有物，不要空洞地说些大理论。

(6）适时向领导提醒会议的重心。

交流和会议商讨的重要性，导致我们不可能避开这两个内容而完美地完成工作，但是，不应该把时间花费在无意义的胡扯和得不到任何有用信息的冗长会议上。 所以，我们要适时提醒对方，给自己也给对方节省一些时间，从而轻松完成工作。这就需要我们不论是在交流中还是在会议中，都要言之有物，将话题紧紧围绕着工作的目的和所要达成的效果来进行。那么，除了用小动作提醒对方，还要注意哪些事项呢？

（1）控制会议时间，确保与会人员不要迟到。

（2）罗列会议所要研究或商讨的内容，确保不会跑题。

（3）善于处理会议中的不同意见。

（4）对发言进行适当的鼓励或小结。

（5）打电话时要一心一意。

（6）集中使用电话。

（7）时刻保持节约时间的意识。

人们在总结自己的工作时，常常会发现自己是造成工作效率低下的一个重要原因。因此，如果人们想认真改进对自己时间的管理，首先必须要采取一系列措施来改进自我。因此，从现在开始，我们就要试着一步步来改变自己工作中的陋习，将不必要花费的时间节约下来，去做更加重要对自己更有用的事情，提高自己的工作效率，然后，你就会发现，在不知不觉中，自己已经渐渐靠近了成功！

第二章

# 犹豫、盲目、懒惰,导致拖延的三大顽疾

## 延迟决定是最大的错误

犹豫不决绝对是人们成功之路上的一个阴险狡诈的敌人。它能冷笑着挡在你面前把好不容易才露面的机遇白白放跑，还能蒙蔽你的心智让你做出昏聩的决断，还可能让你的前途迷雾漫漫，压力重重。所以，你必须要向它宣战了！趁这个可怕的敌人还没有发展成能绝对伤害你的力量时，趁它还没有给你带来痛苦的压力时，不要手软，立即把它祛除掉吧，千万不要等到失败的时候才后悔为什么当初自己那么优柔寡断。不管用什么手段，一定要逼着自己去练习坚定的决断能力，无论事情是简单还是复杂。犹豫虽然不是一种明显的压力，但是它确实能够给你带来压力，也确实能压迫着你在前进的道路上更加小心翼翼。

在现代社会，犹豫不决的恶习，已经深入到许多人的骨髓，因为生活压力大，人们无论做什么事，总是瞻前顾后，时刻想着留一条退路，没有破釜沉舟的勇气。人如果下定了决心，便会有坚强的信念，那做事情成功的概率就会提高很多。有所作为的人，无论问题多么困难，都把它放在面前，考虑解决，绝不会任其延误、耽搁。因为他们知道，犹豫可能会给本来就已复杂的局面带来更多的麻烦，自己也将承受更大的压力。

公元前1世纪时，罗马的恺撒大帝统率他的军队抵达英吉利以后，决心绝不退却。为了使士兵们知道他的决心，便当着士兵的面，将所有的船只全部焚毁。结果，士兵们作战时都英勇异常。

许多人往往在开始做事的时候便留着一条后路，作为遭遇困难时的退路，还没进便思退，这样的心态哪能成就伟大的事业？

绝无后路的军队才能决战制胜。所以无论做什么事，必须抱着破釜沉舟的决心，勇往直前，遇到任何障碍都不能后退，若是立志不坚，遇到困难就乖乖投降，那绝不会有成功的一日。

一生的成败，全系于意志力的强弱。意志力坚强的人，遇到任何艰难险阻，都能排除万难，去除障碍。而意志薄弱者，一遇挫折便颓丧退缩，导致失败。

实际生活中有许多意志薄弱的青年，他们很希望上进，只是没有坚强的决心，没有背水一战的信念，一遇到问题就犹豫不决，最后错失了良机，只好选择后退。

如果抱着不达目标决不罢休的决心，就会排除阻碍获得胜利，那些怕犯错误而裹足不前的人，那些害怕变化和风险而彷徨不知如何是好的人，永远无法到达胜利的彼岸，永远无法摘取胜利的果实。

世上最可怜的人就是犹豫不决的人。如果遇到事情，不依靠自己，而去依赖他人，这种性格犹豫、意志不坚定的人，既不相信自己，也不为他人所信赖。

好多人怕决断事情，不敢负责任。之所以如此，是因为不知道事情的结果怎样。他们害怕如果今天决断了一件事情，也许明天会有更好的事情出现，以致对于第一个决断感到懊悔。许多惯于犹豫者，不敢相信他们自己能解决重要的事情，许多人因犹豫不决破坏了他们美好的理想。

在犹豫不决这一阴险的仇敌还没有伤害你的力量，破坏你求生机会之前，就要即刻把它袪除掉，不要等到明天，今天就该开始。要逼着自己常去练习坚定的决断，事情简单时更须立刻决断，切不要犹豫，陷入进退两难的境地，更要竭尽全力来打开出路。

伟人是需要创造出来的。困难和种种压力迫使他们迸发出力量，战胜重重困难，成为名垂青史的人。

犹豫不决，实在影响到人格的建立，它不仅使勇气消失、意志消沉，而且破坏自信和判断力、破坏理智。

犹豫不决，让人像一艘无方向的船，永远漂流在狂风暴雨的深海里面，永远无法到达目的地。

看了下面的故事，你就知道，在人的一生中，果断地做出决定是多么重要。

美国拉沙叶大学的一位业务员前去拜访西部一个小镇上的一位房地产商人，想把一个"销售及商业管理"课程介绍给这位房地产商人。这位业务员到达房地产商人的办公室时，发现他正在用一架古老的打字机打着一封信。这位业务员自我介绍一番，然后推销他的课程。

那位房地产商人显然听得津津有味。然而，听完之

## 第二章 犹豫、盲目、懒惰，导致拖延的三大顽疾

后，却迟迟不表示意见。

这位业务员只好单刀直入了："你想参加这个课程，不是吗？"

这位房地产商人以一种无精打采的声音回答说："呀，我自己也不知道是否想参加。"

他说的倒是实话，因为像他这样难以迅速做出决定的人有数百万之多。这位对人性有着透彻认识的业务员，这时候站起来，准备离开。但接着他采用了一种多少有点刺激的战术。下面这段话使房地产商人大吃一惊。

"我决定向你说一些你不喜欢听的话，但这些话可能对你很有帮助。

"先看看你工作的办公室，地板脏得可怕，墙壁上全是灰尘。你现在所使用的打字机看来好像是大洪水时代诺亚先生在方舟上所用过的。你的衣服又脏又破，你脸上的胡子也未刮干净，你的眼光告诉我你已经被打败了。

"在我的想象中，在你家里，你太太和你的孩子穿得也不好，也许吃得也不好。你的太太一直忠实地跟着你，但你的成就并不如她当初所希望的。在你们结婚时，她本以为你将来会有很大的成就。

"请记住，我现在并不是向一位准备进入我们学校的学生讲话，即使你用现金预缴学费，我也不会接受。因为，如果我接受了，你将不会拥有去完成它的进取心，而我们不希望我们的学生当中有人失败。

"现在，我告诉你你为何失败，那是因为你没有做出

一项决定的能力。

"在你的一生中,你一直养成一种习惯:逃避责任,无法做出决定。结果到了今天,即使你想做什么,也无法办得到了。

"如果你告诉我,你想参加这个课程,或者你不想参加这个课程,那么我会同情你,因为我知道,你是因为没钱才如此犹豫不决。但结果呢?你承认你并不知道你究竟参加或不参加。你已养成逃避责任的习惯,无法对影响到你生活的所有事情做出明确的决定。"

这位房地产商人呆坐在椅子上,下巴往后缩,他的眼睛因惊讶而瞪大,但他并不想对这些尖刻的指责进行反驳。这时,这位业务员说了声再见,走了出去,随手把房门关上,但又再度把门打开,走了回来,带着微笑在那位吃惊的房地产商人面前坐下来,说:

"我的批评也许伤害了你,但我倒是希望能够触怒你。现在让我以男人对男人的态度告诉你,我认为你很有智慧,而且我确信你有能力,你不幸养成了一种令你失败的习惯,但你可以再度站起来。我可以扶你一把——只要你愿意原谅我刚才说过的话。

"你并不属于这个小镇,这个地方不适合从事房地产生意。你赶快替自己找套新衣服,即使向人借钱也要去买来,然后跟我到圣路易市去。我将介绍一个房地产商人和你认识,他可以给你一些赚大钱的机会,同时还可以教你有关这一行业的注意事项,你以后投资时可以运

## 第二章 犹豫、盲目、懒惰，导致拖延的三大顽疾

用。你愿意跟我来吗？"

那位房地产商人竟然抱头哭泣起来。最后，他努力地站了起来，和这位业务员握握手，感谢他的好意，并说他愿意接受他的劝告，但要以自己的方式去进行。他要了一张空白报名表，签字报名参加《推销与商业管理》课程，并且凑了一些一毛、五分的硬币，先交了头一期的学费。

三年以后，这位房地产商人开了一家拥有数百名业务员的大公司，成为圣路易市成功的房地产商人之一。每一位准备到他公司上班的业务员，在被正式聘用之前，都要被叫到他的私人办公室去，他把自己的转变过程告诉这位新人，从拉沙叶大学那位业务员初次在那间寒酸的小办公室与他见面开始说起，并且首先要传授的一条经验就是——"延迟决定是最大的错误"。

那么该如何去克服犹豫不决这种有百害而无一利的恶习呢？

（1）在行动之前，你首先要冷静地思考，给自己充分的时间思考主题和问题。

（2）一旦做好心理准备，要立刻去行动，迟疑是最大的禁忌！

（3）不要要求自己十全十美，不论心情好坏，每天一定要有规律地持续工作。

（4）不浪费时间，现在，就是工作的最好时机。 不要常

常说明天或下个星期,而是把握现在。

(5)要有远见、有计划地工作,搜集对将来有用的情报,一点一滴地累积。

让我们彻底地甩开犹豫所带来的烦恼和麻烦,做一个当机立断的人。 如果你还是犹豫不决,那么所有的机遇都将与你擦肩而过了,你还靠什么来取得成功呢?

## 想成功就一定不要犹豫不决

生活就是一道道限时选择题，你必须大胆、及时地做出选择，而犹豫不决会让你与一个个足以改变命运的契机失之交臂。因此，我们一定要战胜犹豫的心态，提醒自己：重要的是去做，不要想得太多。

人处在混乱中时，往往会犹豫不决，但事情紧迫时，必须果断地做出自己的选择。优柔寡断和拖泥带水，只能坐失良机。歌德曾经说过：迟疑不决的人，永远找不到最好的答案，因为机遇会在你犹豫的片刻失掉。

有一个猎人在森林里设置了兽夹，第二天他发现上面只夹了一条血淋淋的野兽腿。原来一只野兽被夹到之后，自知无法挣脱，为了保全生命，竟一口咬断自己的腿以求逃脱。生活中，我们也要培养自己这种果敢的精神，必要时必须快速决断，舍兵保帅，否则后果不堪设想。比如肢体有严重的病况，需整个切除，以免病毒蔓延。如果在紧要关头迟疑不决，不忍下手，反倒会失去生命。

犹豫不决是成功和机遇的大敌，一个处事优柔寡断的人很难有大作为。

当选择太多或局面混乱时，果断就是人生成功的必要武器。

有这样一则寓言：

一头驴在两堆青草之间徘徊,欲吃一堆青草时,却发现另一堆青草更嫩更富有营养,于是,驴子来回奔波,想要选择一堆更好的青草。这时从远处来了一群黄羊,它们见到这两堆草就疯了似的一哄而上,吃了个肚圆,驴子却没吃上一根青草。

驴子没有吃草,是因为没有草吗?不是,草足够它吃饱的,可它确确实实挨饿了。 这是因为它把全部的精力花在考虑该吃哪一堆草上,在犹豫之间被一群羊抢占了先机。

也许有人认为,人比驴子聪明多了,不会犯驴子一样的错误。 果真如此吗?

有一个大学生毕业后,既想找一份好的工作早点挣钱,又想考研继续深造。他在考研和找工作之间徘徊了很久,把自己搞得疲惫不堪。结果既没找到理想的工作,考研也失败了。后来,他一门心思扑在考研上,把找工作的事情抛在一边,终于考上一所著名大学的研究生。

面对一些难以取舍的问题时,慎重考虑当然是必要的,但是不能犹豫不决。 一个人的精力和才智是有限的,犹豫徘徊、患得患失或者求全责备,其结果只会浪费生命。

拿破仑说过:战争的艺术就是在某一点上集中最大优势兵力。 而生活的艺术就是选择一个进攻的突破口,然后全力以赴去冲击。 如果能在纷繁混乱的目标中,当机立断,尽快选择一个目标,并为实现目标不懈地奋斗,成功就触手可及了。如果犹豫难断，后果就可能一塌糊涂，鸿门宴中项羽的优柔寡断就是一例。

项羽入关之前屯兵新丰鸿门，刘邦屯兵灞上，双方相距不远，谋士范增劝说项羽速攻刘邦，而项羽却踌躇不决。恰好此时曹无伤向项羽告密："沛公欲王关中，使子婴为相，珍宝尽有之。"项羽闻言大怒，当即发誓次日便要消灭刘邦，然而就在这剑拔弩张的紧急时刻，被刘邦收买过的项伯，仅用三言两语，不但打消了项羽要"击破沛公军"的念头，而且还让项羽同意刘邦前来谢罪的请求。

鸿门宴上，范增屡次示意项羽要他杀掉刘邦，可是项羽总因下不了决心而"默默不应"，使得刘邦躲过了第一劫。待后来范增招来刺客项庄，企图让他趁舞剑之机刺死刘邦时，由于项伯乘机保护刘邦，项庄又每每不能得手；对项伯的非常之举，项羽一味地姑息纵容，范增的计划因此再度落空，刘邦又躲过了第二劫。项庄舞剑失败以后，宴会上的气氛依旧十分紧张，就在刘邦欲走不能走、想留不敢留的极其矛盾之时，刘邦的骖乘樊哙闯进来将项羽大骂一通，不料项羽这次非但没有发怒，反而称樊哙为壮士，对其赐酒赐肉，礼待有加，使得后来刘邦在樊哙等人的保护下金蝉脱壳，逃之夭夭。正是项羽的犹豫不决使他失去了除掉心腹大患的绝佳机会。

楚汉双方在广武对峙时，项羽捉住刘邦的父亲并将其带到阵前当人质，希望借此来要挟刘邦。项羽表示如果刘邦不投降的话，就把他父亲放到锅里煮了。谁知刘邦的回答却出奇的爽快："煮就煮吧，只是到时别忘了给我留一勺汤喝。"刘邦的果断与项羽的犹豫形成了鲜明对比，难怪刘邦能以弱胜强建立汉朝。

项羽一次次的犹豫，将自己封在了一个死胡同里，最后兵败如山倒，乌江自刎虽悲壮凄美，却换不回九五之尊的威仪。可见迟疑不决是多么可怕的一种心态。

当年韩信因不被项羽信任，投奔了刘邦，本以为能得到重用，没想到刘邦也只是让他当了个管粮仓的小官，他很是不满。一天晚上，韩信与伙伴们饮酒，不慎失火。按军令，烧了粮仓，罪当斩首。同案的几个人均已被杀，眼看就要砍韩信的头了，刀斧手已经准备好，只等监斩官夏侯婴下令，令下就是人头落地。韩信跪在地上，抬头看监斩官派头不小，像个大官，他心中一动：我何不以言辞打动他呢？反正要死，打动了他能免死，是幸运，他不理睬，就是我命该如此！就在监斩官下令而未出口之时，韩信大声说："汉王不是要夺取天下吗？大事未成，为何要斩壮士！"这一声喊，使夏侯婴一惊，心想临刑之人喊出如此气壮之语，决非等闲之辈，因此他命令卫士给韩信松绑，把他叫到跟前，问道："你为什么要喊叫？"韩信简短而有力地说："我是壮士，想帮助汉王夺取天下！"夏侯婴为此话所动，让他坐下细讲，韩信不慌不忙地讲了自己夺取天下的看法和主张，夏侯婴听罢，

## 第二章 犹豫、盲目、懒惰，导致拖延的三大顽疾

认为此人不简单，立即报告了刘邦，刘邦赦免了韩信。

可当人劝其另立天下时，韩信却犹豫不决，结果死在吕后手里，一世英名付诸东流。

无论在什么时候，快刀斩乱麻都是成功者必须具备的一种素质。认清形势，迅速做出决定并快速实施往往能收到事半功倍的效果。记住，想成功就一定不要犹豫不决。

## 该出手时就大胆出手

一些人之所以犹豫就是因为在行动之前总担心没有把握，凡事求稳的做法让他们变得犹豫不决。

李某常常对朋友感叹："我这一辈子，要不是胆太小，早就有出息了！"说来也真是可惜，20世纪90年代初，李某三十来岁，正处在人生的黄金岁月里，李某的一个老同学雄心勃勃地来找李某约他一起去深圳"淘金"。去不去呢？李某犹豫再三，却还是拒绝了老同学的提议。自己的工作虽然枯燥无味，但毕竟是铁饭碗呀！凡事还是求稳比较好。老同学却果断地辞了职，潇潇洒洒地直奔特区，听说现在已经是一个身价千万的大老板了。令李某痛悔的事还不只这一件：8年前，李某所在的钢铁集团准备改组上市，并允许职工优先认股，每股作价38元，按规定李某可以认购500股，然而李某凡事求稳的习惯使他又把这个机会放过了，他认为股票一跌就会变成废纸，还是别拿钱冒险的好，于是他把自己的认股权以1000元的价格卖给了同事。没想到，公司一上市，股价节节高升，一个月之内，股票竟然涨了十倍，看着同事们一个个喜气洋洋，李某后悔得大病了一场。像这样的事儿还有不少，所以李某有句口头禅就是，"我这一辈子，就毁在胆儿太小了！"

凡事求稳的习惯，使李某错失了一次次良机，只能一辈子生活在悔恨里。其实每个人都应该有敢于冒险、马上行动的胆略，如果太过于求稳的话，那就会一事无成。

汉明帝时，班超奉命带36人去西域鄯善国，谋求建立友好邦交关系。

刚到该国，鄯善国王对汉朝使团十分恭敬殷勤，但几天后，态度突然变了，且变得越来越冷漠。班超警觉起来，派人打听，原来是匈奴的一个130多人的使团正在暗中加紧活动，向鄯善国王施压，欲把鄯善国拉向北方。

形势十分严峻，班超对大家说："现在匈奴使团才来几天，鄯善国就对我们逐渐疏远了，倘若再过几天，匈奴把他彻底拉过去，说不定会把我们抓起来送给匈奴。到那时，我们不但完不成使命，恐怕连性命都难保！怎么办？"

"生死关头，一切全听您的。"随从们态度坚定，但也表示出担心，"我们毕竟只有36人，我们能怎么办呢？"

班超斩钉截铁地说："不入虎穴，焉得虎子。今天夜里就行动，以迅雷不及掩耳之势，一举消灭匈奴使团！唯有如此，才有可能使鄯善国王诚心归顺我们汉朝。"

当天深夜，班超带领36个人，借着夜色掩护，悄悄摸到匈奴人的驻地，对130多人的匈奴使团，毅然发动了袭击，并一举歼灭了他们。

第二天早晨，班超捧着匈奴使者的头去见鄯善国王，国王大惊失色。匈奴使者被杀，鄯善国王已经不可能再与匈奴人和好，于是只好同意和汉朝永久友好。

该出手时就出手，不要被恶劣事物唬住，战胜"恶魔"首先要战胜自己！

很多时候，看似最危险之处，也许就是最安全之处；看似最强大之处，也许偏偏是最薄弱之处。如果总是求稳的话，你就会错过这些机会，冒点风险去行动，可能会有不一样的结局。

第二次世界大战，德国纳粹给世界人民带来巨大的灾难，但在战争期间，德国将领们也给战争史留下了许多经典战例。

1942年2月12日下午，英国海军和空军重兵布防的英吉利海峡上空，一架英国战斗机正在例行巡逻。突然，飞行员发现有一队德国舰队大摇大摆地从远处开了过来，他立即将这一发现向司令部报告。英国司令部的军官们大感不解：德国舰队怎么可能在大白天从英吉利海峡通过，是不是飞行员搞错了？英国人忙于思考和争论，却没顾及到时间正在一分分溜走。近一个小时过去了，又一架英军侦察机发现德舰已经闯入海峡最窄也是最危险的地段了，并且正在全速行驶。英军指挥官们这才意识到敌情的严重性，等他们判定真相，调集部队下令进攻时，德国舰队已经远离了最危险的地段，给其致命打击的机会已经丧失。整个下午，英军虽然不断出动飞机、驱逐舰对德国舰队进行拦截，但由于仓促上阵，反而被严阵以待的德军迎头痛击。就这样，德国人在英国人的眼皮底下，将驻泊在法国布雷斯特港内的舰队顺利地移至挪威海面，增强了那里的战斗力。

原来，这一切都是德军为了完成这次战略转移精心策划的大胆行动。因为从法国到挪威有两条路线可走，一条是向西绕过英伦诸岛北上，这条航线路途遥远，费时费力，如果遭遇兵力占绝对优势的英国军队，后果不堪设想；另一条航线则是直穿英吉利海峡，但此处有英海空军的重兵布防，同样是危机重重。最后，德军指挥官经过反复权衡后，决定在英国根本没有想到的情况下，出其不意地闯过英吉利海峡，在夜间出发，白天通过英吉利海峡最危险的多佛和加莱之间的地段。

这一大胆冒险的行动果然成功，庞大的德国舰队在飞机的掩护下，在英国人认为绝不可能的时候出现，在英军来不及判断和阻挠的情况下，明目张胆地闯过英吉利海峡，给英国人上了一堂生动的战争教学课。

无论在事业还是生活中，我们可能都需要适当地冒点险。当然，在冒险之前，我们必须清楚地认识那是一种什么样的冒险，必须认真地权衡得失，比如德军指挥官就是在反复权衡之后，才制定出冒险计划的，结果他们获得了成功。需要注意的是，冒险不是盲目草率的行为，不是瞎闯、蛮干，不是随心所欲，而是有目标、有计划的果断行动。

## 不要让你的人生处于盲目状态

盲目行事，是许多人不能冲破人生难关的原因之一。而真正能够冲破人生难关的人都有一个良好的习惯：在做事之前，一定要正确决策。没有正确的决策，等于已经走向了失败！

决策决定行动的方向。那些冲破人生难关的人，都是正确决策的操纵者。很显然，冲破人生难关源自于正确的决策，正确的决策源自于正确的判断。人生中那些看似错误或痛苦的经验，有时却是最宝贵的财产。在你纵观全局，果断决策的那一刻，你的人生便已经注定。两智相争勇者胜，冲破人生难关者之所以成功，在于他决策时的智慧与胆识，能够排除错误之见。正确的判断是冲破人生难关者一个需要经常训练的素养。在失败和危急关头保持冷静是很重要的。有人面对危难，狂躁发怒；而冲破人生难关者却临危不乱，沉着冷静，理智地应对危局。在平常状况下，大部分人都能控制自己，也能作出正确的决定。但是，一旦事态紧急，他们就自乱阵脚，无法把持自己。

一位空军飞行员说："第二次大战期间，我独自担任战斗机的驾驶员。头一次任务是轰炸、扫射东京湾。从航空母舰起飞后，一直保持高空飞行，然后再以俯冲的姿态滑落至目的地91米上空执行任务。

"然而，正当我以雷霆万钧的姿态俯冲时，飞机左翼被敌军击中，顿时翻转过来，并急速下坠。

"我发现海洋竟然在我的头顶。你知道是什么东西救了我一命的吗？

"我接受训练期间，教官一再叮嘱说，在紧急状况中要沉着应付，切勿轻举妄动。飞机下坠时，我就只记得这么一句话，因此什么机器都没有乱动，我只是静静地想，静静地等候把飞机拉起来的最佳时机和位置。最后，我果然幸运地脱险了。假如我当时顺着本能的求生反应，未待最佳时机就胡乱操作了，必定会使飞机更快下坠而葬身大海。"他一再强调说，"一直到现在，我还记得教官那句话：'不要轻举妄动而自乱脚步；要冷静地判断，抓住最佳的反应时机。'"

保持冷静的头脑首先要相信自己的头脑，不要由于缺乏必备的一些条件，就否定一个可能的观念或构想。反之，你要执着于伟大的、值得为之奋斗的构想，一一克服各种难题。

有这样一则小故事：

一个16岁的男孩，有一天当父亲在一辆卡车下工作时，他突然发现千斤顶歪了，卡车落了下来。男孩眼见父亲快被压死，立即抓住挡泥板，把车子拉了起来，让他父亲从车下爬了出来。这辆卡车有1300多千克重。如果在平时，这个男孩根本拉不动这辆车。

这种事情很少有人经历过，但大多数人都有过出乎自己意料的经历。

任何时候，我们都应该记住，我们的潜能还远远没有发挥。科学家告诉人们，我们平时使用的潜能充其量也只有全部潜能的十分之一。这话可能有点笼统，但有一点可以肯定：如果我们有较强的自信心，我们的表现会比现在更好。

冲破人生难关者善于强化自己反复判断的习惯，从判断的习惯中找到突破常规的办法，又从办法中找到新的创意。这样他们就超出了一般人的正常判断，很容易在智力上超过别人。因此，反复判断是一种智力游戏，这种游戏并不是没有用，而是非常有用的，可以训练你的判断思维。

## 怠惰会成为毁掉你一生的大敌

每一个城市、乡村都有一些落魄无为者。如果仔细分析一下这些不幸的人们,你将发现,他们都有一个非常显著的缺点——怠惰。

缺乏行动使他们陷到某种"泥潭"之中。除非他们意外地被迫离开这个"泥潭"——需要不同寻常的行动,否则他们就将一直深陷其中。不仅如此,怠惰也许会成为毁掉你一生的大敌。

两匹马各拉一辆大车。前面的一匹走得很好,而后面的一匹常常停下来。于是人们就把后面一辆车上的货挪到前面一辆车上去。等到后面那辆车上的东西都搬完了,后面那匹马便轻快地前进,并且对前面那匹马说:"你辛苦吧,流汗吧,你越是努力干,人家越是要折磨你。"

来到车马店的时候,主人说:"既然只用一匹马拉车,我养两匹马干吗?不如好好地喂养一匹,把另一匹宰掉,总还能拿到一张皮吧。"于是,他便这样做了。

自以为聪明的懒惰最终会害了你,这一点没有什么可怀疑的。一个人工作时所表现出来的精神,不但与工作的效率有很大关系,而且对于他本人的品格的形成也有重要影响。

## 第二章 犹豫、盲目、懒惰，导致拖延的三大顽疾

从工作中可以看出一个人的人格，你的工作就是你的志趣、理想，只要看到了一个人所做的工作，就"如见其人"了。

老板不在身边却更加卖力工作的人，将会获得更多奖赏。如果只在别人注意时才有好的表现，那么你永远无法达到成功的顶峰。如果你对自己的期望比老板对你的期许更高，那么你就无须担心会失去工作。同样，如果你能达成自己的最高标准，那么升迁晋级也将指日可待。

如果你的心中也有一匹偷懒的马，那么，赶紧将其驱除吧，小心它会将你拉进失败的陷阱。

比怠惰的行为更加可怕的是怠惰的心理，它相当于一种慢性自杀，会逐渐侵蚀掉你的生命。如果你安于现状，奋斗的激情就会渐渐失去，随之而来的是每一天的简单重复和越来越多的危机。

一只小青蛙厌倦了常年生活的小水沟，而且水沟的水越来越少，没有什么食物了。它每天都不停地蹦，想要逃离这个地方。而它的同伴整日懒洋洋地蹲在浑浊的水洼里，说："现在不是还饿不死吗？你着什么急？"终于有一天，小青蛙纵身一跃，跳进了旁边的一个大河塘，里面有很多好吃的，可以自由游弋。

小青蛙呱呱地呼唤自己的伙伴："你快过来吧，这边简直是天堂！"但是它的同伴说："我在这里已经习惯了，我从小就生活在这里，懒得动了！"

不久，小水沟里的水干了，小青蛙的同伴活活饿死了。

小青蛙的同伴因为懒得动而最终使自己饿死在小水沟里。每个人都知道小青蛙的做法是明智的，可是大部分的人却重复着其同伴的行为，因为他们懒得动，就是这种惰性让人们意识不到自己已经处于了一个危险的境地，最后不仅什么也得不到，而且还将失去一切。

倦怠乃人生之大患，人们常叹人生短暂，其实人生悠长，只是由于不知它的用途。这话并不难理解，当你勤快起来去做事，你就会在同样的时间里，做更多的事情，那么你的人生就比别人多出好多时间；相反，如果你虚耗时间，眼睁睁地看着时间一分一秒地流逝而不行动起来，那么，你的人生必然缩短。所以，不要再有那种"做一天和尚撞一天钟"的情绪，那样也许你现在还真的是"过得去"，但也仅此而已，你的生活激情却将不复存在。

## 克服懒惰，做自己的主人

"勤奋出贵族"是一句古老的箴言。无论是过去还是现在，无论是在西方还是在东方，那些享有地位、尊严、荣耀和财富的贵族，都有一颗永不停息的心，都有一双坚强有力的臂膀；在他们身上都凸显出了令人尊敬的勤奋创业与敢为天下先的精神，都闪耀着非凡毅力与顽强意志的光芒。而正是这样的品质使他们获取了财富，让他们成就了事业，赢得了尊崇，成为顶天立地的人物。

在这个充满机遇的世界中，没有永远的贵族，也没有永远的穷人。如同万事万物都处在永恒的运动、变化之中一样，贫穷、富有，这种盛衰起伏变幻如同沧海桑田，生生不息。家境贫寒的人，通过自己的勤奋工作、执着的追求和智慧，同样能够功成名就、出人头地，成为一代新贵族。

曾有人问李嘉诚的成功秘诀，李嘉诚讲了一则故事：日本"推销之神"原一平在69岁时的一次演讲会上，当有人问他推销的秘诀时，他当场脱掉鞋袜，将提问者请上讲台，说："请你摸摸我的脚板。"提问者摸了摸，十分惊讶地说："您脚底的老茧好厚呀！"原一平说："因为我走的路比别人多，跑得比别人勤。"提问者略一沉思，顿然醒悟。李嘉诚讲完故事后，微笑着说："我没有资格让你来摸我的脚板，但可以告诉你，我脚底的老茧也很厚。"

李嘉诚给了我们这样的启示：人生中任何一种成功的获取，都始于勤并且成于勤。勤奋是成功的根本，是基础，也是秘诀。

人的本性之一是趋乐避苦，惰性也就如同影子一样时常左右纠缠，企图桎梏人的心灵。正如歌德所说："我们的本性趋向于懒怠。但只要我们的心向着活动，并时常激励它，就能在这活动中感受到真正的喜悦。"

伟大的科学家爱因斯坦说过："在天才和勤奋两者之间，我毫不迟疑地选择勤奋，勤奋几乎是世界上一切成就的催产婆。"

一个爱讲废话而不勤奋学习的青年，整天缠着大科学家爱因斯坦，要他公开成功的秘诀。爱因斯坦被缠得没办法了，就给他写了一个公式：$A=X+Y+Z$。然后告诉他："A代表成功，X代表勤奋，Y代表正确的方法，Z代表少说废话。"这个公式包含着真理，它表明：一个人要想获得成功，不仅要有正确的方法，还要少说废话，更重要的是勤奋。

"懒惰"是人生中最可怕的敌人，许多本来可以做到的事，都因为一次又一次的懒惰、拖延而错过了成功的机会。"懒惰"又是个很有诱惑力的怪物，人一生随时都会与它相遇。比如，早上躺在床上不想起来，起床后什么也不想干，能拖到明天的事今天不做，能推给别人的事自己不做，不懂的事自己懒得懂，不会做的事自己不想做……

要靠自己的努力获取尊严和荣誉，只有这样的尊严和荣誉才能长久。但不幸的是，在我们今天这个社会，很多生活富足的人都缺乏进取精神，躺在父母给他们创造的物质财富中好逸恶劳，挥霍无度，以致许多人虽在富裕的环境中长大，却最终不免要在贫困中死去。

所以，要想在与人生风浪的搏击中完善自己，成就自己，享受成功的喜悦，赢得社会的尊敬，高歌人生，你就必须战胜懒惰。要战胜懒惰，可以按照以下方法去执行：

（1）承认自己有爱拖延的习性，并去克服它。这是处理一切问题的前提。只有正视它，才能解决问题。不承认自己懒惰，就不可能改正自身的弱点。

（2）是否因恐惧而不敢动手，这是爱拖延的一大原因。如果是这一原因，克服的方法是强迫自己做，假想这件事非做不可，并没什么可恐惧的，并不像你想象的那么难，这样你终会惊讶——事情竟然做好了。

（3）是不是因为健康不佳而懒惰。其实，懒惰并不是健康的问题，而是一种生活态度的问题，有些人尽管疾病缠身，还照样勤奋努力不已。如果身体真的有病，及时去治疗，更不应该拖延。

（4）严格要求自己，磨炼自己的意志力。意志薄弱的人常爱拖延。磨炼意志力不妨从简单的事情做起，每天坚持做一种简单的事情，例如写日记。只要天天坚持，慢慢就会养成勤劳的习惯。

（5）在整洁的环境里工作不易分心，也不易拖延。把自己生活的环境整理好，使人身居其中感觉舒适，就会热爱自己的生活，产生勤奋的动力。另外，备齐必要的工具也可加快工作进度,避免拖延的借口。

(6)做好计划。对自己每天的生活工作做出合理的安排,制订切实可行的计划,要求自己严格按计划行事,直到完成为止。

(7)公开你的计划。在适当的场合,比如,在家庭里,或者在朋友面前,把你的计划向大家宣布,这样你就会自己约束自己,不敢拖延。

(8)严防掉进借口的陷阱。我们常常拖延着去做某些事情,总是为自己的懒惰找理由、找借口,例如"时间还很充足""现在动手为时尚早""现在做已经太迟了""准备工作还没做好""这件事太早做完了,又会给我别的事"等,不一而足。

(9)抱着只做10分钟的打算。开始克服懒惰,不可能坚持很长时间,你可以跟自己说:"只干一会儿,就10分钟。"10分钟以后,很可能你会兴奋起来而不想罢手了。

其实,我们自己要克服懒惰,也可以给自己设定一个勤劳的报酬来激励自己。

偷懒之后,我们就会觉得时间不够用了,我们就会痛悔虚度一生。只有战胜懒惰,我们才能做时间的主人,从容不迫、丰富多彩地度过一生。

# 第三章

# 明确计划，有目标的人从不拖延

## 成功需要计划

《礼记·中庸》："凡事预则立，不预则废。言前定则不跆，事前定则不困，行前定则不疚，道前定则不穷。"毛泽东《论持久战》："没有事先的计划和准备，就不能获得战争的胜利。"

蜀相诸葛亮，做事谨慎，善于谋划。有评语"诸葛一生唯谨慎"。《隆中对》中他为刘备谋划先取荆州，后取益州，进则争取天下，退则偏霸西蜀。

成功需要计划，需要安排，还需要一定的程序。成功的程序通常是志愿、意图、计划、行动、力量、效果。没有雄心壮志，就不会有超越时空的意图；没有超越时空的意图，就不会有无可比拟的计划；没有无可比拟的计划，就没有坚定果敢的行动和力量；没有坚定果敢的行动和力量，就难以取得伟大的效果。从古至今，大事小事皆如此。所以说，计划是行动之父，行动是成功之母。

黄帝百战征伐，周公礼典政制，李冰组织修建都江堰，都是造福子孙后代的伟大行动。这些行动都影响着中华民族的千秋伟业。如果他们没有远大的雄图和计划，就不会产生巨大的力量，也不会取得巨大的效果。

英国百年战争、美国独立革命、法国大革命、日本明治维新、土耳其复兴运动，都是由于领导者有远大的计划和宏大的志愿，才成就了划时代的丰功伟业，成为后世景仰的纪念碑。

在一个远大的计划之中，每一件大事都有它的计划，分门别类，按部就班。而每一大计划又有若干阶段的独立计划，每一独立计划，前后彼此都有着密切的联系，并且相互衔接。

例如，一次战争，应有整个计划，而每一次战役，又有每一次的计划。一个国家建立后，有整个建设计划，而每一个部门，又有每个部门的工作计划。

计划中又有按时期、种类的分别计划，国家是这样，个人也是这样。

一个人有一生的计划、一年的计划、一日的计划；一件事又有一件事的计划，然后按计划行事，按时计划，自是有所成就。

成功的人都有计划，所以有人说："没有计划，就是正在计划失败。"你是否也正在计划失败呢？当然，没有人愿意计划失败，但是，你可能犯了这样的错误——没有计划。

成功的人士都是善于规划自己的人生，他们都知道自己要达成哪些目标，拟订好优先顺序，并且拟订一个详细计划。作家创作作品的时候，规定自己每一天需要撰写多少字数，需要搜集多少资讯，需要查阅多少资料，需要真正具体完成的是多少，把它详细列出来，并照着此计划进行。

你应知道，有时候我们因各种原因，没有百分之百地按照计划去进行。但是，计划可以提供给你做事的优先顺序，让你可以在固定的时间内，完成你需要做的事情。

有一位警官叫史蒂文森。在一次执行任务的过程中，他被罪犯用枪射中了左眼和右腿膝盖。半年后，当史蒂文森从医院出来时，众人都不认识他了，那曾经高大魁梧、双目炯炯有神的英俊小伙子完全变了，变成了一个又跛又瞎的残疾人。

当一位记者问他："你以后将如何面对生活呢？"史蒂文森说："我知道犯罪分子到现在还没有被绳之以法，我想亲手抓住他。这是我今生的计划。"从此以后，史蒂文森不顾他人的劝阻，参与了抓捕那个歹徒的行动。他几乎跑遍了整个法国，甚至有一次为了一个渺茫的线索独自一人乘飞机去了日本。

8年后，那个歹徒终于在非洲被抓获了。其中，史蒂文森起到了关键的作用。在庆功会上，他再次成了英雄。很多媒体称赞他是整个法国最坚强、最勇敢的人。

史蒂文森的成功经验就是一个计划。在人生当中，你没有办法做每一件事情，但是你永远有办法去做对你最重要的事情。计划就是一个排列优先顺序的办法。当你把优先顺序排定之后，还要认真执行，保证成功，不达目的绝不罢休。

成功人士的计划为什么能够一一实现呢？这其中有很多因素，最重要的是，使计划实现并彻底实行。如果仅仅是计划或者只有思考，那么什么都不会实现。为了实现计划，许多事情应当互相配合，由此而产生的很多问题如果有耐心地一一去克服，那么计划也就可以实现了。

千万记住，凡事要有计划。有了计划再去行动，成功的概率会大幅度提升。

只有行动,没有计划,是所有失败的开始。

你需要什么样的计划?或许你需要的是十年的计划,或许你需要的是五年的计划,或许你更需要的是每年的计划、每月的计划、每周的计划,或者说就是长期的计划、中期的计划、短期的计划。

计划是成功的保障,计划是成功必备的条件。

## 越有操作性，执行越容易到位

执行到位固然离不开方案的制订，但是方案是否有意义，还要看这个方案是否具有可操作性。方案具备了可操作性，组织成员才知道怎样一步步地执行，最终实现方案的预期结果。

提高方案的可操作性，就是要在执行中少一点"应该"，多一点"怎么办"。如果总是对组织成员说应该怎样怎样，组织成员就会产生抵触情绪；而多一点怎么办就是告诉组织成员怎样去操作。操作性越强，执行也越容易到位。

强化可操作性，就要通过各种方法使复杂难懂的事情变得尽可能地简单易懂，将难度较大、较为复杂的问题分解为易于处理的一个个小问题，使每个小问题都有具体可行的步骤，这样做起来就容易多了。

第二次世界大战期间，位于底特律的美国通用公司接到一项重大任务——制造一种准确度高、使用电子器材的投弹瞄准器。这是一项技术含量很高的艰巨任务，只有高超的技术工人才可能胜任。但是当时美国全民忙于战争，这样的技术工人可以说是凤毛麟角，可以被雇用的人力只有那些年老色衰的黑人妓女。面对如此不利的局面，当时的部门经理德雷斯塔特不顾高层的反对，承包下了这项艰巨的国防任务，而且胸有成竹地说："我们一定能完成任务！"

德雷斯塔特一口气雇用了2000个几乎目不识丁的妓女执行这项高技术任务，对这些雇用者采取了现场培训的办法，他亲自做了十几个投弹瞄准器，并用摄影机拍下整个制作过程，再用放映机播放，在播放的同时还使用一连串的指示灯：已做完的工作用红灯显示，即将进行的工作用绿灯显示，需要注意的事项用黄灯显示。由于德雷斯塔特的做法操作性很强，这些没有文化的妓女学习起来很容易，最后按要求生产出了合格的产品。

这样，将看似高深难懂的技术分解简化成一般人都能掌握的技术，让人们一看就知道应该怎样操作，就会将不可能做到的事情做到位。

强化可操作性，可以将目标量化。每个组织都有自己的目标，但目标只是提供了行动的方向，要想在实施过程中真正执行到位，还需要将大的目标分解成若干小目标，明确到每个部门、每个人身上。这样不仅可以使组织成员的行为标准化，还可以提高做事的准确度。

## 设置目标，指明方向

高效执行力需要一个明确的目标。只有当目标明确后，不同的职能部门、不同的员工在工作时才能形成一股合力，从而更好地发挥出企业团队的力量，表现出知识与技能的聚合作用，才能更好地认准方向，从而更好地促进目标的完成。

目标是组织对个体的一种心理引力。设置适当的目标，激发人的动机，达到调动人的积极性的目的，称为目标激励。目标在心理学上通常被称为诱因，即能够满足人的需要的外在物。目标设置要合理、可行，与个体的切身利益密切相关。要设置总目标与阶段性目标，总目标可使人感到工作有方向，阶段性目标可使人感到工作的阶段性、可行性和合理性。

### 1. 目标制定五项原则

美国潜能大师博恩·崔西说：成功就等于目标，其他一切都是这句话的注解。那么，如何能确定一个有效的目标呢？这里有五个基本原则：

原则一，制定目标应将关键与全局结合。在确定目标时，领导者要从企业的基本任务出发，全面考虑，要突出重点和关键性问题。

原则二，制定出的目标一定要能够适应企业和社会的发展与变化，并且要保证这个目标同上级设定的目标一致，使分目标与总目标保持一致。

原则三，必须保证制订出的目标切实可行，并能激发员工的工作积极性。要保证目标的切实可行，领导者必须对自身所在的岗位、职责有深入的认识，并且对自己的时间有大致的了解与分析，明确自身的处境与同行业、同事之间的关系与区别，并将自己的工作目标与公司目标相结合。另外，目标过低，没有激励作用，无助于员工提高执行力；但目标定得太高，让人可望而不可即，又会使人丧失信心，挫伤员工的积极性。

原则四，制订的目标必须具体化，而且还要设置可达到的标准。模糊和笼统的目标会严重影响执行效率。目标设置如何具体？主要包括项目、衡量标准、达成措施、完成期限以及资源要求，并能够很清晰地看到自己计划要做哪些事情，计划完成到什么样的程度。

原则五，制订出的目标必须自己能接受，且还应当具备一定的指令性。一个不被人接受的目标不是一个成功的目标，更不可能得到有效的执行。要让目标被人接受，最有效的方法是坚持参与、上下左右沟通，使拟定的工作目标在组织及个人之间达成一致。

2. 进行目标管理

目标管理一直以来都是企业管理的必备工具，它的价值不会随着时代的变迁而改变。它在人力资源管理方面与关键绩效指标的有效融合，极大地提升了其在企业人力资源管理中的执行力。要进行目标管理，必须要求企业全员参与互动，只有这样，才能够真正实现目标管理，才能够实现企业发展的总目标。

(1) 目标分解方法

目标分解就是将总体目标在纵向、横向或时序上分解到各层次、各部门以至具体人，形成目标体系的过程。目标分解是明确目标责任的前提，是使总体目标得以实现的基础。在目标管理过程中，要求企业不但要将企业总目标按时限进行分解，而且还要对企业总目标按部门和岗位、个人进行量化分解，使企业各岗位员工明确其具体工作目标。

常用的目标分解方法有以下两种：

第一种是指令式分解。指令式分解是分解前不与下级商量，由领导者确定分解方案，以指令或指示、计划的形式下达。这种分解方法的优势在于易使目标构成一个完整的体系，但由于未与下级协商，对下级承担目标的困难、意见不了解，容易造成某些目标难以落实下去；更由于下级感到这项目标是上级制订的，因而不利于下级积极性的激励和能力的发挥。

第二种是协商式分解。协商式分解是上下级对总体目标的分解和层次目标的落实进行充分的商谈或讨论，取得一致意见。这种协商容易使目标落到实处，也有利于下级积极性的调动和能力的发挥。

(2) 目标管理流程

无论是什么工作都应当掌握其操作流程，对领导者而言，掌握目标管理的流程也同样重要。

建立一套完整的目标体系是实现目标管理的第一步。这项工作总是从企业的最高主管部门开始的，然后由上而下地逐级确定目标。但是，不是将你自己制订好的目标单纯地上传下达就行了，制订目标前要事先拟定和宣传，这样才能保证下级主管人员会制订出合理的目标来。此外，这套目标体系必须与你的组织结构相吻合，否则它将不会成为企业前进的动力，反而会成为阻碍企业发展的绊脚石。

制订好的目标体系在实施过程中并不要求领导者任何事情都亲力亲为，因为领导者的主要职责还是在于管理，领导者要有作为领导者的自觉，明白目标管理最重要的是对企业执行效果的考核和控制。

在考核时，对各级目标的完成情况，要事先规定出期限，定期进行检查。检查的方法可灵活地采用自检、互检或责成专门的部门进行检查。检查的依据就是事先确定的目标。对于最终结果，应当根据目标进行考核，并根据考核结果进行奖罚。经过考核，使得目标管理进入下一轮循环过程。

目标是战略执行的首要因素，没有目标，战略将无法执行，更无法坚定执行。

领导者作为一个部门的"头儿"，他的职责是统一全体成员的意见和行动，并为他们确立目标，提供执行的方向和执行目标的方法。通过目标的设置，让员工们看到企业发展的前途和方向，保持行为的一致性，为共同的奋斗目标而努力，从而有效地提高企业的执行力。

## 根据具体变化调整执行计划

计划赶不上变化快，任何事情、任何工作，即使再美好的计划和目标在实际的操作过程中，都难免会有一些突发情况、突发事件发生。在这样的情况下，如果继续依照既定的目标与计划进行，达成目标的概率几乎为零。因此，要提升执行力，不但要制定出正确的目标，明确的执行方向，还要在执行过程中根据具体情况及时做出相应的调整。

企业在执行任务的过程中，要时刻根据市场以及企业本身的实际情况及时对战略进行调整。当市场发生改变的时候，执行者要对昔日帮助自己取得成功的方法的过时勇于承认和面对。如果依然固守在昔日的辉煌上，那无异于自取毁灭。在企业策略是否需要改进这一问题上，谁也没有选择的余地，即使是老板或决策层也无力，必须根据事实真相做出及时有效的调整。

在我们的工作中，很多时候，由于一些突发情况的难以发现和预料，导致领导者难以对目标方向做出及时的策略调整，最终导致整件事情、整个企业目标都难以实现，甚至会带来更大的困难。

摩托罗拉创始人的孙子、在 1997 年接任摩托罗拉的 CEO——高尔文，是个个性温和、为人宽厚的领导。但是，就在他接任 CEO 三年后，摩托罗拉的市场占有率、股票市值、公司赢利数额连连下跌。到2001年第一季度，摩托罗拉公司创下了15年以来第一次的亏损纪录，作为全球移动通信业的龙头，在全球移动通信市场的市场占有率却只有13%。

公司之所以会走到这样的困难境地，除了全球经济的不景气及大环境的影响外，还得从他的领导者高尔文说起。

几年前，摩托罗拉就准备推出一款叫"鲨鱼"的手机来进军欧洲市场。高尔文很少过问公司的经营状况，也不清楚员工的具体执行情况。高尔文问："欧洲市场真的需要这种产品吗？"行销主管回答"是"。但行销主管和高尔文对市场的变化有点"后知后觉"，随着文化理念的变革，欧洲人的喜好也更趋向于轻巧、简单、便携的机型，而"鲨鱼"的厚重让欧洲的"潮人"们难以接受，结果在欧洲市场节节败退。

"鲨鱼"事件让高尔文栽了一个大跟头，同时，也暴露出了他在对预定目标进行调整方面的乏力。但是他并没有从这次事件中汲取教训，毅然宣布要在2000年卖出一亿部手机。众所周知，这个目标太遥远！内部员工几个月前就知道目标无法达成，只有高尔文还蒙在鼓里，因为他根本就不了解目标的具体执行情况。

有些时候，对某项事物的执着固然很好，但是对于千变万化的市场来说，就不是一件好事了。

福特因为对T型车的"执着"，使企业在竞争中败给了通用公司。在福特看来，T型车永远是最好的，黑色永远是最流行的，但事实证明他错了。

"生产谁都能买得起的汽车"是福特公司当时一个明确的战略决策。在执行这一战略规划时，亨利·福特采取了一系列措施，比如流水线操作、对车型进行改革等等，最终实现了福特公司在T型车上的辉煌"战绩"。

但是，在接下来的九年时间里，福特依然对他的T型车喜爱有加。随着美国经济的繁荣、人民生活水平的提高以及分期付款购物方式的出现，"买得起"的T型车对于美国人来说已经不"感冒"了，这一标准已经发生了重大变化——以前人们攒上20个月的工资只够买一辆T型车，但现在人们只需先付或许只有3个月的工资——就能把一辆更舒适、更时尚的汽车开回家。但是亨利·福特对所有的这些变化都熟视无睹，自始至终也没有对"买得起"这一标准做出丝毫改变，以至于福特汽车公司的市场份额从54%跌到了45%。1925年，随着通用汽车公司雪佛兰汽车的面世，福特的市场几乎被抢占一空。到了1927年5月，亨利·福特被迫承认自己在这场汽车市场竞争中落败。

要想成为一名执行力强的执行者，除了要具备确立正确的目标，制定准确的执行计划的素质，还应该具有跟踪整个工作进展的毅力和决心。在执行过程中如果不能随时了解执行情况，并对目标方向给予相应的调整，执行工作是很难顺利进行的。

1. 做到全面分析问题

执行的过程往往是复杂多变的，包含许多过程，通常还受多种因素的制约和影响。因此，在完成执行的过程中，必须要学会全面分析和思考，只有这样，才能做到正确地解决执行中的问题。

2. 具体问题具体分析

不同事物的矛盾具有不同特点，这是世界上的事物千差万别的内在原因，或者叫根据；同一事物的矛盾在不同发展阶段各有不同的特点，这是区分同一事物发展过程不同阶段的依据；事物矛盾的双方各有其特点。这就要求我们在执行过程中坚持矛盾观点；具体分析矛盾的特殊性；在运动中把握规律，发挥主观能动性。

## 给自己设计合理的执行流程

"流程",《现代汉语词典》的解释是:"工业品生产中,从原料到制成成品的各项工作程序。" 现在泛指的流程,是说企业内正式或非正式的、约定俗成的做事方法。 企业的价值都是通过一系列活动创造的,而这些活动的方式就是所指的流程。

实践证明,很多工作和任务之所以不能高效地执行,很大程度是因为执行的流程不合理所造成的。 因此,要从根本上解决执行的问题,还需要再造合理的执行流程。

一位成功的企业家曾经说过:"合理的流程设计是提高执行力的唯一出路"。

现代一些企业必须要通过售后服务活动,来赢得顾客的终身价值。 如何做售后服务是一个过程,服务人员如何面对顾客的抱怨、如何面对顾客对企业产品的指责、如何对客户进行技术指导等,都是一整套的过程,这就是流程。 这些过程可以是明文规定的标准作业程序,也可以是固定习惯的做法。 流程不同,执行的方式也不同,执行的结果自然也就不一样,当这些过程形成一套制度后,组织的能力和绩效便就此产生了。

领导能制订出合理的执行计划,员工能按计划执行好具体的任务,这些都源于企业的流程导向。 流程一旦定向,人们的行动就会步调一致,从某种意义上说,流程导向决定着企业的执行力。

战略专家姜汝祥曾经说过:"让流程说话,流程是将说转化为做的唯一出路。"企业的流程多种多样,最核心的是人员的流程、战略流程和运营流程。战略流程的目标是保证企业能制定正确的企业竞争战略。运营流程的目标是使得企业在现有的人力资源的基础上和企业竞争战略的前提下制订出合适的运营计划,它是战略流程和人员流程结合的产物。在执行力组织中,这三个流程必须是互相联系的,其中的任何一个流程都能与另外两个相配合,而不是单独存在的。

美国保险业巨子 CIGNA 曾经进行了 20 项的流程改革,其结果是:"经营费用降低了 42%,经营周期缩短了将近一半,顾客满意度上升了 50%;质量标准提高了 75%。"专家们分析认为:"在流程改进中每'下本'1 美元,在降低成本和提高收益上会收获 2～3 美元。"也许流程的最初构建、再造与发展将会花费许多时间、精力和金钱,但流程一旦完善、固化,简单的努力将会释放出巨大的投资回报。

美国第十八大人寿保险公司 MBL 在流程重建之前,该公司的保单申请流程非常烦琐复杂。从顾客填写保单开始,到最终开出保单,要经过 30 多个步骤,跨越 5 个部门,经过 19 位员工之手。完成申请过程最少也要 24 小时,一般情况下需要 5～25 天。这漫长的工作流程到底有多少时间是在创造附加价值的呢?有人对此进行了研究推算。研究结果是:假设整个流程需要 22 天的话,其实,其中真正用于创造价值的只有18分钟,还不到0.05%,而99.95%的时间都在做不创造价值的无用功。MBL的总裁听到这样的计算,果断地提出了将效率提高60%的计划。为此,MBL进行了流程再造。

MBL的流程再造是:打破原有的工作界限,拆除影响高速执行的组织障碍。把原有的职位削减了100个,设立了具有全部的决策权和处理权的专案经理这样一个新职位。这种专案经理处理整个流程的做法,不仅大大压缩了线形序列的工作过程,而且还消除了中间管理层,使得工作效率大幅度地提高:处理一份保单只需要4个小时,即使是较复杂的任务也只要2~5天就能完成。可见,无论是企业还是个人,在执行的过程中一定要设计合理的执行流程,这样才能大幅度提高工作效率,进一步提高整体的执行力。

设计合理的执行流程要求执行者应注意以下几点:

1. 设计流程时,要及时预测并发现执行中的瓶颈

识别判断瓶颈的方法,就是预测在执行流程中哪个环节会出现工作堆积现象,执行工作任务时到这一环节处是否需要等待。

2. 处理好执行中的"短板"

由长短不一的木板组成的木桶,其盛水量的多少,并不取决于那块最长的木板,而是取决于那块最短的木板。 要使

这样的木桶能多装些水，就必须设法使那块短木板的长度得以增加，这就是木桶理论。执行流程也是如此，执行流程中如果出现了"短板"，要及时调整策略和方法，增强"短板"的执行力。

## 尽量简化执行流程

在执行的过程中，流程过于烦琐、不合理，就会严重影响执行的效果。调查研究发现，处理一个文件只需要 7 分钟，但耽搁在中间过程的时间却高达 4 天之久。有时候执行可能是一个复杂的过程，但是为了提高执行的效率，提升整体的执行力，可以把复杂的执行过程适当地简单化。

要想把复杂的流程简单化，关键是要抓住问题的本质，把其中最重要的东西进行高度的概括和浓缩，把一些细枝末节的东西暂时搁置在一边，从而达到简单化的目的。

执行流程就是执行的程序。工作中很多执行都是依靠一级一级领导推动来完成的，一项任务如果没有领导过问，就没有人执行，也没有人承担责任。这就要求企业必须从"靠领导推动"转向"靠流程推动"，简化执行决策的环节。合理的流程可以减少企业对人的依赖，即使出现人员的大规模流动，也不会给企业带来危机。

企业是依赖各式各样的流程在运作的，有效的执行流程应该包括人员配置流程、执行信息流程、执行督导流程。企业有了好的流程后，还应该不断地进行流程优化与持续创新，这样才能赢得持久的竞争优势。

产业创新精神代表施乐公司，当年发明了包括鼠标、图形用户界面、激光打印机等最具革命性的技术。但是这些先进的技术并没有得到很好地利用，现在已经成为历史。研究人员发现，施乐公司失败的原因，并不是因为没有创新或是战略决策，而是因为其庞大的官僚体制使得公司内部业务流程繁杂，不能迅速地提供资源，使其先进的技术快速转化为现实生产力，极大地阻碍了创意的产生和战略执行，最终导致了产品开发的落后，从而在创新上输给了竞争对手。

然而，同是IT产业企业的戴尔公司却是一个重视简化执行流程的公司，其所运用的直接销售与接单生产方式，就是企业策略的核心所在。戴尔在策略的执行上有他的独到之处：接单生产、简化的执行流程、优异的执行能力，再加上盯紧成本。戴尔机器的生产是工厂在接到客户订单后才开始的，与其配合的零部件供货商也是接单生产，等供货商交货后，戴尔立即开始组装，并在装箱完毕数小时之内就运送出去。这套简化的流程大大压缩了从接到订单至出货的时间，并让戴尔与供货商的存货都减到最少，和竞争对手相比，戴尔的客户更能及时享有最先进的产品。

1. 以顾客为中心

全体执行者都应该树立以顾客而不是"上司"为中心的思想观念。顾客可以是外部的，如在零售企业，柜台营业员直接面对的是真正的顾客；可以是内部的，如商场的理货员，他的顾客是卖场的柜台小组。每个人的工作质量由他的"顾客"，而不是"领导"做出评价。

2. 企业的执行以"流程"为中心

流程是由一系列相关职能部门配合完成的，体现在为顾客提供高效的服务。这就要求，将对"流程"运行不利的障碍快速铲除，减弱职能部门的意义，合并多余的部门及重叠的"流程"。执行流程的简化可以大大提高执行任务的效率，减少了浪费，缩短了时间，提高了顾客满意度和公司竞争力，降低了整个流程成本。

## 利用备忘录，提高执行效率

俗话说得好："好记性不如烂笔头。"无数事实证明，人的记性再好，有些事情久而久之也会被遗忘，这对于一个工作者，尤其是一个企业的领导管理层的工作者来说是极其不利的。如果是这样，那我们为何不试试用"日常备忘录"将工作中重要的事情记录下来呢？这样就不用担心重要的事情会被遗忘了，就能保证及时有效地去执行。

备忘录一般分为两种：一种是信息备忘录，另一种是建议备忘录。

信息备忘录一般包括研究分析、现状报告、销售与市场份额汇总及竞争力分析。建议备忘录则是一些有说服力的文件。这种备忘录非常重要，那些希望晋升的品牌管理员工必须掌握建议备忘录的撰写技能。

每一份备忘录都是精心组织起来的，主要内容包括：背景资料、目的内容、建议及原理等。一般情况下，篇幅都在 3～4 页，一般不会超过 4 页。

宝洁公司是创建于 1837 年的世界著名的洗涤剂、化妆品公司，迄今已有 180 多年的历史。曾经在电视中露面最频繁的飘柔、潘婷、沙宣、海飞丝、伊卡璐、佳洁士、玉兰油等洗涤品、化妆品都是宝洁公司的产品。2019 年，在《财富》杂志评选出的全美 500 家最大的工业/服务企业中，宝洁公司排名第146位。

企业的成功，得益于较高的工作效率和其高效的执行能力。之所以会这样成功，是因为公司在经营上有着独到的秘诀：宝洁公司在管理流程上所独具的备忘录制度，正是这一制度，大大地提高了企业的执行力。

宝洁公司第一份具有历史意义的备忘录是在1931年5月31日诞生的。宝洁总裁杜普利破例详细阅读了这份超长的备忘录并予以批准，哈佛毕业生尼尔·麦克罗伊在这份长达3页的备忘录中详细介绍了他的品牌管理理念。正是这份备忘录改变了宝洁的发展史。

在宝洁，备忘录最受推崇，同时它也是决策的重要组成部分，是决策者决策时的重要参考。曾在宝洁公司任总裁的爱德华·哈尔斯在谈到宝洁的这个传统时说："从意见中择出事实的一页报告，正是宝洁公司作决策的基础。"在宝洁公司如果写出没有条理的备忘录不但被认为是工作粗心，而且被看作思维混乱。

宝洁CEO雷富礼说："我们所有的管理人员都是从内部提拔的，如果你想要升迁，最好先学会写备忘录。"在宝洁，对资历较浅的员工来说，一个备忘录重写10次是常有的事；即使是一名品牌经理，一个备忘录仍有可能被要求重写五六次。通过不断地重写备忘录，员工周密思考问题的习惯也得到了锻炼。

在宝洁，一页备忘录就为他们解决了很大的问题。因为它的篇幅比较小，字数也比较少，一方面引起的争论也减少了；另一方面对一些数字在一页纸上检查和核实起来也比较简单方便；再者它把突出的问题都置于显眼的位置，看起来更方便。此外，篇幅短小的书面备忘录还利于在组织内部传阅，寻求支持、改进、建议或者不同的意见。

在宝洁流行的信条是，如果你能学会如何写一份合格的备忘录，你就能学会如何思考。

对于企业忙碌的经理人来说，每天的日程总是安排得满满当当的，忙碌之中就容易遗忘某些事情，做起事来也就没有顺序了。所以在日常的经营管理中你不妨尝试建立自己的备忘录，把自己要做的事情按照轻重缓急的顺序在备忘录上进行排序，这样不仅方便向上级有序地汇报工作，也有利于提高执行效率。

提高执行效率的一个简单实用的方法，就是建立"日常备忘录"，你不妨这样做：

1. 培养自己写备忘录的习惯

每天将要做的事情按照时间顺序或轻重缓急在备忘录上排序，把一些重要的事情加上标注，以利于更快、更及时地解决。

2. 安排好自己的时间

应该树立良好的时间观念，为自己制定一个更有效的工作时间表。

### 3. 培养自己做事有条理的习惯

经常会遇到桌子上一下堆了好几项工作的情况，让我们有些措手不及。这就要求我们按当前的形势安排这些工作的先后顺序。

### 4. 做什么事情都要有计划性

学会给自己制定各种计划，可以按照每天或每周等制订工作计划，这样有一个明确的目标就不至于把工作弄得乱七八糟。

### 5. 处理好大事与小事之间的关系

一定要瞻前顾后，因为在工作中，有些小事很可能演变成大事，抓住重点，从而保证工作的协调完成。

### 6. 每天都要找到当下最紧迫的工作

工作总是千头万绪，每件事情不可能用同样的时间和精力去做，我们可以将日常的工作按轻重缓急进行标注，这样可以先安排最重要、最关键的工作，从而提高执行力的效率。

第四章

# 克服拖延,一定要学会时间管理

## 明确你的时间观念

时间是无价的财富，对这种财富每个人都拥有等量的份额，成功和不成功的人一样，一天都只有 24 小时，但区别就在于他们如何利用这 24 小时。如果我们能够高效地管理时间，科学地利用时间，把有限的时间进行充分的利用，就可能创造出无穷的财富，成就辉煌的人生。

人生只有三天：昨天、今天和明天。昨天已永不复返，今天也将会过去，明天也会来之即去。抓紧时间吧！人生仅有三天！人生仅有的三天，它是懒惰者随手可抛的废物，又是勤奋者珍贵的财富。

时间对每个人都是平等的，每个人都有相同的时间，但时间在每个人手里价值却不同。人们往往重视生命，乐于理财，却疏于时间管理。善用时间，就是善用自己的生命！因此珍惜时间才是你生命中最重要的事情，学习时间管理是非常必要的一课。

时间管理就是在日常事务中执着并有目标地应用可靠的工作技巧，引导并安排管理自己的生活，合理有效地利用可以支配的时间。时间管理所探索的是如何减少时间浪费，以便有效地完成既定目标。所以，时间管理的问题本身不在于时间，而是在于如何善用及分配时间。时间管理就是自我管理，自我管理即是改变不良习惯，合理利用时间，使自己的工作和生活更有效率，取得辉煌的成绩。

但凡能够在事业上做出卓越成就的人都是时间管理的专家，他们都懂得如何运用时间这个最有价值的资产，有意识有系统地规划并有效地利用时间。

格里在威格利南方联营公司当了20多年的总经理，该公司是美国最成功的超级市场之一，他获得了许多值得骄傲的荣誉。第一，他的工作历程记录几乎为所有的总经理所羡慕，这个记录中包括连年不断的销售记录和利润记录。第二，他毫不松懈地连续应用计划、组织、授权、激励、评价和控制等多项基本原则，显示了他专业管理的精神。第三，他献身时间管理原则的事迹已经得到大量文章的赞扬。在格里看来，正确管理的基础是良好的时间管理。

有什么样的决定，就会造成什么样的命运，而让我们做出决定的关键因素就是个人的价值观。一个人要想成为社会的领导人物，不管是职业人士、企业家或是教育家，他都必须清楚知道自己的价值观，同时确实按照这个价值观行动，才能在他们的专业领域取得杰出的成就。纵观那些成功人士，他们之所以成功，正是因为他们坚持按照自己的价值观为人处世。

每个星期有168个小时，其中56个小时在睡眠中度过，21个小时在吃饭和休息中度过，剩下的91个小时则由你来决定做什么——每天13个小时。所以，如何根据你的价值观和目标管理时间，是一项重要的技巧。

假设在一天的时间里,你有如下几件事要去做:

健康——运动,洗澡,看牙医,等等;

家庭——给家里打电话,买日用品,等等;

友谊——买礼物,回信,参加聚餐,拜访朋友,等等;

爱情——准备烛光晚餐,送玫瑰,等等;

工作——写报告,会议,整理材料,考试,等等;

金钱——兼职的面试,谈一笔生意,等等;

兴趣——看演唱会,打高尔夫球,等等。

你一定会首先对上述事件进行先后排序,从排序的结果可以清楚地看出你把哪一项放在首位,把哪些看得无关紧要。这就是你的价值观。

简单地说,价值观就是你的一个过滤器。它决定了什么对你最重要,什么对你不重要,什么是有意义、有价值的,什么是无聊的、乏味的。它会影响你对工作的认知,对金钱的看法,对家庭、子女的观念,对自我生活方式的想法。如果你的价值观与你的工作相吻合,那么你会觉得很开心,很带劲。如果不相吻合,那么就会感到很无奈、很痛苦。

所以,你可以在脑海中想象一棵大树,树根是你的价值观,树干是你的目标,树的主枝是你的主要任务,树的细枝和叶子是你的次要任务。

你所做的一切应源于你的价值观,它是树根。

你的目标支撑着各种各样的任务,它们都是为实现你的目标服务的。

树的姿态和生长方向由它的主枝表现出来,同样,你通过主要任务来实现你的目标。

树叶为树的生长提供养分,你通过完成各种次要任务,保持你现有的生活。

你首先要明确自己需要的是什么,然后才能朝那个方向走。如果你不知道自己的目的地,你很可能会到达别的地方。

价值观是我们的人生导向,目标是我们的需求和愿望——我们想得到什么。它们直接源于我们的价值观。否则,我们所做的事将无法满足自己的需要。目标往往不能由单个行动达到,需要花费相当长的时间,并需要采取若干步骤。

例如:

周末时间安排出现冲突,要么去约会热恋中的情人,要么拟定下周会议的提纲。如果你决定去约会情人,而不为会议做准备,你的目标很可能是:追求爱情,哪怕在其他方面做出某些牺牲。如果你不去约会情人,而是准备会议,你的目标很可能是:尽最大努力完成工作。当然,追求爱情和完成工作都是你的目标,但你对它们的重视程度取决于你的价值观,而这一价值观又决定了你如何安排你的时间。把爱情放在第一位的价值观可能是:你对生活的真正满足来自于友情、爱情、亲情的滋润。把工作放在第一位的价值观可能是:你对生活的真正满足来自于追求卓越。

再如:

星期二和星期三晚上,在公司开会、兼职面试、看演唱会三者之间只能挑选两样,舍弃一样。它们分别代表的是工作、金钱和兴趣,对它们如何排序,也完全取决于你的价值观和目标。

当你知道了自己最重要的人生价值是什么，那么怎么决定就易如反掌；反之，如果你不知道什么对你是最重要的，那么就很难做出决定，往往成为痛苦的折磨。有杰出成就的人，必然是因为能很快做出决定，那是因为他清楚地知道自己人生最重要的价值所在。如果我们不确知自己的价值观所在，那就势必要像一只无头苍蝇似的乱撞。唯有当你真正明白并确信生命中什么是真正有价值的，你的时间才能充分发挥出作用，你的潜能才能充分发挥出来。

## 赢取时间的19个方法

在工作中，很多领导者总是忙得焦头烂额，叫苦不迭。总在感叹时间太少，要做的事又太多。其实，正像鲁迅说的那样，"时间就像海绵里的水，挤挤总是有的"。只要掌握赢取时间的办法，工作就会变得有序高效。

（1）睡前把第二天要做的事在脑中想一遍。

（2）每天早晨比规定时间早15分钟或半个小时开始工作，这样，你不但树立了好榜样，而且有时间在全天工作正式开始之前好好计划一下。

（3）开始做一项工作前，应先把所需要的资料放在桌上，这样将避免你为寻找遗忘的东西而浪费时间。

（4）利用电话、邮件和现代通讯等工具辅助你的工作，以节省时间。

（5）购买各种书籍，尽可能多地吸收知识，这样可增强你的处事能力，减少时间的浪费。

（6）把最困难的事放在工作效率最高的时候做。简单的小事，可在精神较差的时候处理。

（7）养成将构想、概念及资料存放在档案里的习惯。在会议、讨论或重要谈话之后，立即记录下要点，以便日后查看。

（8）训练速读。想想看，如果你的阅读速度提高2~3倍，那么办事效率该有多高？这并不难做到，书店及外界都有提高速读能力的指导训练书籍。

（9）不要让闲聊浪费你的时间。让那些在上班时间找你东拉西扯的人知道，你很愿意和他们聊天，但应在下班以后。

（10）利用空闲时间。它们应被用来处理例行工作，假如一位访问者失约了，也不要呆坐在那里等下一位，你可以顺手找些工作来做。

（11）充分发挥手提箱的功用，把文件有条不紊地排好，知道哪些东西在哪个位置上，这样可避免费时去找东西，更不会出现与人洽谈时翻箱倒柜去查找资料的状况。

（12）琐事缠身时，务必果断地摆脱它们。尽快把事情做完，以便专心致志地处理较特殊或富有创造性的工作。口述时，只讲述重点，其余就让秘书或助手替你做，只要使他们知道你期待他们做什么事就可以了。

（13）管制你的电话。电话虽然不可缺少，但如果完全被你的家人、亲戚朋友占用了，那它就失去了在你办公室里的作用。还有，在拿起电话前，先准备好每件要用的东西，如纸、笔、姓名、号码及预定话题、备用文件等。

（14）该做的事都放在桌上，以免遗漏。

（15）晚上阅读。除了业务上的需要外，尽可能在晚上阅读，而将白天的宝贵时间用在看文件或思考业务状况上，这将使你每天工作更加顺利。

（16）开会时间最好选择在午餐或下班以前，这样你将发现每个人都会很快地作出决定。

（17）当遇到一个健谈的人来访时，最好站着接待他，这样他就会打开天窗说亮话，很快就道出来意了。

（18）工作间隙来杯咖啡、茶或冷饮，甚至只要站在窗前伸个懒腰，也能够使你精神抖擞。

（19）沉思。 每天花片刻时间思索一下你的工作，有可能找到更多改进工作的方法。

## 踩准生物钟，效率有保障

每个人都有自己的"工作生物钟"，如果我们能充分利用生物节律的周期，在合适的时间做合适的事情，就可以提高工作效率，取得理想的业绩和成果。

1986年12月18日，美国《商业周刊》刊登过这样一篇文章，题目为《适应生物钟变化，调整好倒班时间》。文中指出："时间生物学家科尔曼和其他一些研究人员证实，重视生物钟的作用可以增进雇员的健康，并提高劳动生产率。"

这份研究表明：有8%长期上夜班的工人因睡不好觉而垮掉，而在每个星期都轮班时，有多达60%的人在班上打盹。倒班给工人身心造成许多危害，还造成许多工业事故，其中包括切尔诺贝利核电站这样的事故，它发生在后半夜。过去雇员上一周白班（6:00~14:00），接着上一周夜班（22:00~6:00），然后再上一周晚班（14:00~22:00）。

后来科尔曼通过研究，将其调整为先上白班，接着上晚班，再上夜班，这就符合了生物钟向后推移的自然变化规律。实验了九个月后，工厂管理人员发现工人生病、缺勤和事故数量大大减少，而生产效率则提高了20%。

人体一天中的生理波动：

8：00～11：00，精力充沛，应做最重要的工作。

12：00～14：00，头脑清醒，适合进行决策。

14：00～16：00，大脑疲惫，应适当休息。

16：00～18：00，思维活跃，可做较为复杂的事情。

## 改变你的习惯

当大象还很小、力气也不大的时候,它便被一根粗锁链拴到了一根牢牢固定的铁柱子上。每天,小象都会拼命地试图挣脱锁链逃跑,但是,它的每次尝试均以失败而告终。最后,小象得出结论,无论自己如何努力,锁链都牢不可破,铁柱也会毫不动摇。于是,小象放弃了努力,从此不再尝试。日复一日,这一习惯逐步巩固,直到小象长成大象,它仍然习惯性地坚信自己永远不可能挪动那根拴住它的柱子,无论柱子是否真正结实和牢固。

大象可以被训练,人也可以被"训练",或者用心理学家的话来说,像大象那样"条件反射"地受到某种定性的思维、行动以及结果的禁锢。 这时候,他们往往不自觉地陷入了自己强加于自己的某种陷阱之中。

习惯是条件反射长期积累并强化成一种动力的结果,习惯一旦形成,就具有使动力自动化的作用。 习惯会影响以至决定人的行为,培根在"论习惯"一文指出:

人们的思考取决于动机,语言取决于学问与知识,而他们的行动则多半取决于习惯。 习惯是一种无形的发展。

我们通常都能够随口说出几个阻碍自己进步的坏习惯,以及一些有助于自己发挥潜能的好习惯,但是我们是否真的能做到知错就改呢？

我们之所以未能迅速采取行动，不是由于工作特别困难，而是我们已养成了一有机会便拖延的习惯。如果我们想改变自己，使自己变成善于利用时间的高手，我们就必须带着足够的耐心、信心、毅力，勇敢地和妨碍自己有效安排利用时间的每一个坏习惯做坚决的斗争。这场斗争尽管很艰难，因为毕竟它们的形成和存在不是一天两天的事情，它根深蒂固，但无论如何，我们要寻求一些途径改掉不良习惯，超越自己。

改变习惯的关键是让我们的显意识与潜意识沟通交流，再对它进行必要的培训，最后调整出它的新程序。习惯归属于潜意识的调遣，在我们的显意识没有关注到潜意识，并着手训练和重新对潜意识进行编程之前，习惯就不可能改变。我们的显意识越频繁越持续地思考我们的新习惯，习惯的改变就会越快越容易。

研究表明，在我们思考某种行为的时候，我们的大脑其实已经在开始实战性的"练习"了。某个行为被重复的次数越多，它根深蒂固的程度就越高，即便这种重复只是发生在我们的脑子里。

我们不妨进行一下这样的尝试：在纸上写下我们希望养成的习惯，并把它贴到洗手池上方的镜框上，或者床边的台灯下。这样，每天早晨起床之后和每天晚上睡觉之前，你便会得到它的提醒，让自己再一次注意到自己的目标。得到提醒之后，你的大脑便会开始执行任务。通过这样的简单步骤，你所希望养成的习惯就能得到每天最少两次的演练，其效果也会迅速地累积。随着新习惯不断重复，它就会逐渐长大，逐渐强壮，根系也逐渐深入地下。很快，我们所希望的行为便会演变成为一个根基雄厚、构建完整的习惯。

有助于我们改掉习惯的另一个小技巧便是进行一定的"准备工作"。假定你希望养成每天晨练的习惯，但是，对于你来说，每天把自己拽出被窝去运动实在是一场艰苦卓绝的战斗。这种情况下，如果你能够在头一天晚上进行一定的准备工作，就能避免自己早起锻炼计划的落空。比如，你可以在晚上睡觉之前，把自己的运动服、运动鞋、护膝、护腕等物品放在床头。这样一来，当闹钟响起的时候，你需要做的准备就少之又少了，让人望而生畏的起床锻炼此时似乎变得柔和了一点点，而放弃起床的理由（借口）也一扫而光了。在你挑战自己弱点的那个伟大的时刻（也就是你受到更改主意的诱惑最多的时刻）之前，你做的准备工作越多，你成功的可能性就越大。

做好"准备工作"的另一个好处便是在我们进行准备工作的时候，我们其实已经将即将完成的任务在大脑中实战演习了好几遍了。任务的不断重复，即便只是脑海中的演练，也将有助于我们把任务变成习惯。

生活中有很多事情都在潜移默化中形成了一种习惯，但长久以来，一些习惯给我们甜美的生活留下了许多阴影。一些人固执地守着自己的坏习惯，生活过得越来越糟糕；一些人细心地改变了自己的习惯后，才发觉原来生活是这么美好！

## 有效时间管理的四个步骤

有效的时间管理一般都要遵循以下四个步骤：
（1）列出工作事项，按照重要性原则排出事项的次序。
（2）制订每一工作事项的完成时间和计划。
（3）转变为行事月历——计划层面。
（4）拟定待办单，并予执行——执行层面。

下面我们来介绍一下有效时间管理的两种有力的工具——行事月历和待办单。

1. 行事月历

运用行事月历可以合理地进行时间规划，使重要工作项目的时间得以保证。

制订行事月历时，一般要遵循以下步骤：

（1）根据职责确定常规项目。

常规项目包括会议，如周例会、月度例会、季度例会、年度例会等；包括文件起草，如规划、总结、绩效考核等；包括沟通工作，如目标考核、标准制定、绩效反馈等。

（2）根据阶段目标制订行动计划。

（3）确定私人重要事件。

私人重要事件包括个人的休息、锻炼、学习、度假等；包括与孩子交流、游戏、学习辅导、庆祝节日等；包括结婚纪念、生日、家庭、家务等；包括庆祝父母生日、与父母交流等；包括与朋友交流、承担社会责任等。要准确记录私人重要事件，可使用私人重要事件单。

①填入常规事件和私人重要事件。

②将重要目标的行动计划填入。

③其他重要项目临时加入。

④定期检查和填写（月、周）。

2. 待办单

待办单可作为自己工作的检查依据，同时可用来确定当日或近日优先完成的事项，帮助自己把今天无法完成的事情列入明天所要完成的待办单，并合理安排突发事件。

制定待办单可按如下步骤进行：

（1）将月历中事项填入。

（2）将昨日未完成的工作项目列入。

（3）估计各项工作时间。

（4）确定工作的紧迫性和重要性。

要确定工作的重要性，可以从三个角度衡量：一是该工作是否是承诺的事项；二是该工作是否是与团队有关的事项；三是该工作是否是目标考核中权重比较大的事项。

①排定时间。

②做好正在做的每一项工作。

③某项工作完成后划掉，努力追求下一个目标。

④对于临时插入的工作，可先记录、评估，然后安排时间。

要做到有效制订待办单，要注意以下几点：

（1）每天在同一时间制订，建议在下班前。

（2）只制订一个。

（3）规划出干扰时间。

（4）要有弹性。

（5）要长期坚持，养成习惯。

## 马上行动

TOM.COM传媒总裁、行动成功学创始人李践，在他的演讲中常常爱举这样一个例子：

在美国田纳西州的一个小镇上，有一个小女孩因为是个私生女而被别人看不起。她很自卑，生活中的唯一乐趣就是听镇上新来的一位牧师布道。有一天散场后，牧师叫住她问："你的父母是谁？"这个简单的问题令她非常难堪，牧师似乎知道了她的秘密，平静地对小女孩说："我明白了，你是上帝的孩子，我们都是上帝的孩子。记住，过去不等于未来。"这句话深深地影响了这个小女孩的命运，她从此战胜了自我，通过艰苦的努力，最终成为田纳西州的州长。

这个故事可以给我们很大启发。很多人都知道应当如何去做，可是在付诸行动的时候，却只有很少的人身体力行，这也许就是通常所说的"知易行难"吧。其实当一个人真正悟出道理来的时候，再把理论化为行动也就不是什么难事了。

马上行动是个好习惯，但是为什么老是做不到呢？有些人一行动就想到消极的一面、想到失败，这种恐惧心理摧毁了他们的自信，使他们不敢果断行事；其次是人们对发生改变多少都有一种莫名的紧张和不安，即使是对代表进步的变革也会这样；再有就是因为不愿付出而害怕采取行动，这可能是出于人类自我保护的本能，因为付出就意味着"失去"，而行动就意味着要付出。

如果你一直在想而不去做的话，根本成不了任何事。请你想想看，世界上每一件东西，从人造卫星到摩天大楼再到婴儿食品，都是一个个想法付诸实施的结果。

世间的事情没有一件绝对完美或接近完美，如果要等所有条件都具备以后才去做，那就只能永远等待下去了。

当你研究"人"（包括成功人士与平庸之辈）时，会发现他们分别属于两种类型。成功的人都很主动，我们叫他"积极主动的人"；那些庸庸碌碌的普通人都很被动，我们叫他"被动的人"。

仔细研究这两种人的行为，可以找出一个成功原理：积极主动的人都是不断做事的人，他想到了什么就真的去做什么，直到目的达到为止。被动的人都是只想不做的人，他会找借口拖延，直到最后他证明这件事"不应该做""没有能力去做"或"已经来不及了"为止。

如果我们总是犹豫不定，不敢行动的话，成功之门对我们永远都是关闭的。那么如何改呢？那就要每天检讨自己，看自己是否能做到凡事说做就做。还有，每天都要暗示自己马上行动。在犹豫之前给自己来个马上行动的暗示是能起积极作用的。

但是，我们要注意，并不是每件事情都那么急，如果我们每件事情都要及时地处理掉，相信我们会变得神经兮兮的，所以应该要有一个地方让我们放一些不必马上处理掉的事情,但是时间到时又要能提醒我们。

时间管理是提升执行力的关键要素,是企业主管人员的成功之道。 彼得·杜拉克曾指出:有效的管理者必须懂得掌握自己的时间,懂得如何做好时间管理。

# 第五章

# 告别瞎忙,让自己进入高效节奏

## 再急的事也要沟通协调好

"经理要求这样，主任又要求那样，我到底该怎么做？"

"这项工作需要我们和企划部共同完成，可是两个部门之间总是互相抵触，这可怎么办？"

这样的疑问或许你也有过，有的时候，我们的工作可能不仅需要与其他人、其他部门共同协作完成，而且还要向多位领导汇报，而得到的命令有可能也是多方面的。

遇到这样的情况，很多人都会觉得左右为难，不知道该怎么做。有时候还会造成不好的影响。

有一次，我们在天津某集团讲课，在课前调查时，就遇到有人反映这一情况：

某部门经理说自己的下级不听话，明明交代星期三必须把某件事情办好，等到星期三，这位下级根本就没有办。一问她为什么没有办，她还振振有词："王副总又给我安排了一个任务，还特别叮嘱，也要我星期三办好。"

谈到这里时，这位部门经理还很生气地说："这样的员工真是太势利了。仅仅由于王副总比我高半级，就可以不听我的指示了吗？那还要我当她的领导干什么？"

而我们再找这位员工交流时，她也觉得很冤："他们都是我的领导，我又没有三头六臂，忙了这边丢了那边，总得罪人，你叫我怎么办呢？当领导的，总得体谅下属吧！"

不同的领导在同一时间交代任务给你，或者不同领导要你执行的任务要求有矛盾，这样的现象其实在执行过程中很有普遍性。而要解决这样的问题，办法其实很简单：作为执行者的你，可以与多位领导协商，以达到最圆满的结果。

在执行中，我们也经常会遇到类似的事：都是领导，都对自己有任务和要求，这时候，该怎么做？

遇到这种情况，一定要及时与上级进行沟通，说明情况，请他们提出合适的意见。

在我们的工作中也一样，遇到不同领导同时交给自己任务，一定要及时协调和沟通，不要闷头就做，否则就会造成领导的误解：我交给你的任务，为什么不及时完成？是不是不把我的话当话？

这时候，我们完全可以跟领导直接沟通，如："王总，我知道您交给我的任务非常重要。但有一点我需要跟您商量，因为之前李总已经交给我了一项任务，要我今天5点之前把项目评估报告交给他，他明天一早开会要用。不知道您要的这份报告是不是特别着急，如果不是特别急的话，我能不能明天下班前把报告交给您？如果您觉得来不及，那我可不可以请××部门的小李帮您做一下这份报告，具体的内容我会把关。您看怎么办更好？"

相信这样一来，任何领导都能理解，问题自然也就迎刃而解。

## 利用科技改善工作流程

从自动化表格处理到即时信息，今天的科技能够帮助员工更快更聪明地进行工作。 以下五种方法可以使公司的运作更为流畅。

1. 管理职能自动化

许多公司将原来靠人工完成的管理职能，比如给员工打考勤、管理支出表格等交由电脑网络来完成。 这一举措可以减少员工花在搜集、处理和发布信息上的时间，使员工可以将时间用在更为重要的公司事务上。 另外，信息流的自动化还能减少人工操作所造成的不可避免的错误。

2. 改进公司范围内的信息共享

电脑网络可以用来向员工发布新闻和信息，这比传统的打印通知和开会更为快捷也更为经济。 通过这种方法，公司可以对市场变化做出快捷的反应，员工也能快速地适应公司的政策和措施。 公司还可以创建电子数据档案，减少文件归档、存放的负担。

3. 共享信息资源

将日程安排、合同经理和信息数据库通过公司网络进行共享，可以使员工更快更高效地获取信息。 例如，利用在线日程安排，项目经理可以很快看到团队中每位成员的时间表，找到合适的开会时间，然后利用在线日程安排程序将开会通知发给每位与会者。而在过去，他就得与每位成员协商，找到合适的时间后再逐个通知。

通过将合同经理和客户数据库进行共享，公司可以为客户提供更高标准的服务。公司的任何员工都可以了解客户基本情况、订货历史记录和联系方式，使他们能够立即满足客户的需求。

4. 快速、便宜的沟通交流

过去，不同部门之间要进行协作，就得腾出专门的时间、打长途电话或是召开电话会议。而现在，即时信息工具使员工能够通过网络彼此进行实时沟通，不受地域限制，而且不会带来高额的费用。许多日常的交流通过电子邮件就可以完成。使用电子邮件可以使你避免打电话聊天。当然，也有一些公司必须直接与人交谈才能有效运作。但是，绝大多数员工能够利用电子邮件处理更多的沟通交流事务。

5. 实时在线协作

驻外工作人员也能够来到网上会议室，编辑文件或是进行演示。例如，利用微软公司提供的"共享观点团队服务"，员工可以在一个安全的网络会议室里对相同的文件进行讨论和修改，还能够建立文件档案馆和召开讨论会。这样做不仅能够提高工作效率，还减少了由于文件的不同打印版本所造成的混乱。

## 赢在速度

谁快谁就赢，谁快谁生存。这是一个快速发展的社会，速度决定一切，效率决定成绩。没有速度，没有效率，即便你是一头"老黄牛"，从早到晚地忙碌，也收效甚微；即便你很努力、很用心，也做不出成绩来。

有一个砍柴的故事：

有一个年轻人到山上砍柴。他非常努力地砍柴，别人在休息的时候，他依然还在砍柴，非得到天黑，否则绝不罢休。他希望有朝一日能够成功，趁着年轻多拼一些。可是来了半个多月，他竟然没有一次能够赢过那些老前辈。明明他们在休息，为什么还会输给他们呢？

年轻人百思不解，以为自己不够努力，下定决心明天要更卖力才行；结果隔天的成绩反而比前几天还差；这个时候，有一个老前辈就叫这个年轻人过去泡茶，年轻人心想：成绩那么烂！哪来的时间休息啊？便大声回答："谢谢！我没有时间！"老前辈笑着摇头说："傻小子！一直在砍柴都不磨刀，哪能多砍柴呢？"原来，老前辈利用泡茶、聊天、休息的时候，也一边在磨刀，难怪他们砍柴的效率那么高啊！年轻人瞬间顿悟！

大家的目光只会聚焦在第一名的身上，冠军才是真正的成功者！

在非洲的大草原上，一天早晨，曙光刚刚划破夜空，一只羚羊从睡梦中猛然惊醒。

"赶快跑，如果慢了，就可能被狮子吃掉！"于是，羚羊起身就跑，向着太阳飞奔而去。

就在羚羊醒来的同时，一只狮子也惊醒了。

"赶快跑，如果慢了，就可能会被饿死！"于是，狮子起身就跑，也向着太阳奔去。

一个是自然界兽中之王，一个是食草的羚羊，等级差异，实力悬殊，但却面临同一个问题——如果羚羊快，狮子就饿死；如果狮子快，羚羊就会被吃掉。

谁快谁就赢，谁快谁生存。自然界动物之间的生存竞争是这样，我们人类的生存未尝不是这样。

贝尔在研制电话时，另一个叫格雷的也在研究。两人同时取得突破，但贝尔在专利局赢了——比格雷早了两个钟头。

当然，他们两人当时是不知道对方的，但贝尔就因为这120分钟而一举成名，誉满天下，同时也获得了巨大的财富。

谁快谁赢得机会，谁快谁赢得财富。

无论相差只是0.1米，还是0.1秒钟——毫厘之差，天渊之别！

在竞技场上，冠军与亚军的区别，有时小到肉眼无法判断。比如短跑，第一名与第二名有时相差仅0.01秒；又比如赛马，第一匹马与第二匹马相差仅半个马鼻子(几厘米)……

但是，冠军与亚军所获得的荣誉与财富却相差天地之远。

时间的"量"是不会变的，但"质"却不同，关键时刻一秒值万金。

在商界，有一位投资专家说过：在时间和金钱这两项资产中，时间是最宝贵的。如果你想让时间为你增值，那么，你赚钱的速度就要以秒来计算，要分秒必争地捕捉瞬息万变的商业信息。

山姆·沃尔顿自建立起沃尔玛零售连锁商店后，他就采用先进的信息技术为其高效的分销系统提供保证。公司总部有一台高速电脑，同20个发货中心及上千家商店连接。通过商店付款柜台扫描器售出的每一件商品，都会自动记入电脑。当某一商品数量降低到一定程度时，电脑在一秒钟内就会发出信号，向总部要求进货。当总部电脑接到信号，在几秒钟内调出货源档案提示员工，让他们将货物送往距离商店最近的分销中心，再由分销中心的电脑安排发送时间和路线。这一高效的自动化控能让公司在第一时间内全面掌控销售情况，合理安排进货结构，及时补充库存的不足，降低存货成本，大大减少了资本成本和库存费用。

山姆·沃尔顿还在沃尔玛建立了一套卫星交互式通信系统。凭借这套系统，沃尔顿能与所有商店的分销系统进行通讯。如果有什么重要或紧急的事情需要与商店和分销系统交流，沃尔顿就会走进他的演播室并打开卫星传输设备，在最短的时间内把消息送到那里。这一系统花掉了沃尔顿7亿元，是世界上最大的民用数据库。沃尔顿认为卫星系统的建立是完全值得的，他说："它节约了时间，成为我们的另一项重要竞争武器。"

美国著名的管理大师杜拉克说过："不能管理时间，便什么也不能管理。时间是世界上最短缺的资源，除非严加管理，否则会一事无成。"如果说，以分来计算时间的人比用时来计算时间的人，时间多59倍的话，那么以秒来计算时间的人则比用分来计算时间的人又多59倍。时间就是金钱，因为虚掷一寸光阴即是丧失了一寸执行工作使命的宝贵时光。

## 在最有效率的时间里工作

如果你把最重要的任务安排在一天里你干事最有效率的时间去做,你就能花较少的力气,做完较多的工作。何时办事最有效率?各人不同,需要自己摸索。

大部分的人在工作接近结束时,效率都会提高。因为"快结束了"这种心理上的安定感,对工作效率有很好的影响,心理学上称为"周末效果"。另外在一周当中,大多是等到周五,一度低落的工作效率才会涨高。这也是"周末效果"。

日本成功学大师多湖辉指出:"周一病""蓝色日子"是因为周日刚休息后,有种乏力的感觉;再加上"今天开始,又要工作一周"的压力,通常周一工作效率都不高。到了周二这种心情会消失,再度精力充沛。周三周四后,工作效率又逐渐降低。但是,到了周五就会觉得"这周快结束了,可以休息",这种"结束效应"可使工作效率上升。这就是多湖辉所说的"周末效果",人们应该善加利用。

要使一周的工作维持一定水准,就要安排擅长的工作于周一开始去做;不擅长或太过厌恶的工作,则安排在周末做。

周末做些厌恶、不擅长的事,即使工作不顺利,也会认为反正明天休息,可以再做。心情也就平静下来,反而做得更好。因为阻碍工作效率的元凶之一,就是"焦躁"。因此,应多加利用"周末效果"。

一般人都有自己效率最高的时段。例如：早上到中午的"早晨型"；午后才有精神的"白昼型"；等别人都睡了才起来的"夜猫型"等各类型。但一般人都是上午精神较好，下午两点最差。

能够知道自己效率最高的时段，对提高工作效率很有效。例如：有人找你做棘手的事情，前一天晚上先提早入睡，天一亮就开始工作，结果会有令人意想不到的顺利。当然，有些人因身体或精神上的特殊情形，可能要到午后才有精神，所以自己要找出效率最高的时段，在这个时段内做些棘手的工作，困难的事也变得不难。

## 告别"瞎忙",才能让执行的效率提高

不知从何时开始,"忙"成了我们的口头禅,"忙"也成了大家争相抱怨的主题。

"每天我都努力地工作着,早出晚归,常常加班加点,但还是有许多工作来不及做完。"

"每天都忙得晕头转向的,事情实在是太多了。往往是这件工作还没有做完,另一件工作就又来了。"

"每天都计划着要做完那些工作,但是计划总是赶不上变化,一边工作一边调整,原本的工作计划就全被打乱了。"

"太多的邮件、电话、文件让我整天忙得焦头烂额,这些小事浪费了我很多时间。"

常听职场人士抱怨工作太忙,你随便问一个职场人士:"工作忙吗?"回答十有八九是"忙"。

在很多人看来,似乎越忙的员工越能干,越受上司的赏识。我们有很多人在"忙"着,也是在"盲"着,他们不知道自己究竟忙什么?为什么忙?盲目地忙碌着,最终总是难见成效。其实,忙忙碌碌之中,包含着太多的重复劳动、无效劳动,这样的"忙"就是"瞎忙"。

在当今这个竞争激烈的时代,一切都在与时间赛跑,忙碌已成为很多人不得不面对的现实。然而,现实中的很多"忙",并不是那种"忙得对""忙得值"的"忙"。忙碌很容易,但忙得有业绩、有效率、有成效却很难。忙,是好

事，并没有错，但如果没有忙到点子上，再忙也只能是"瞎忙"，碌碌无为地"白忙"。

在现实生活中，我们通常会遇到这样两种人。

第一种人是个急性子，不管你在什么场合、什么时候遇见他，他都是一副忙碌不堪的样子。他在与别人交往谈话的时候，也会不时地拿出手机看时间，让别人感觉到他的时间很宝贵，还有很多事情等着他去做。他开拓了很多业务，但是业绩总是不尽如人意。这种人忙得很被动，忙得没有效率，总是被各种事务追着、赶着，几乎成了工作的奴隶。

另一种人恰恰相反。这种人做事情很有条理，给人的感觉是工作很轻松，不是整天忙忙碌碌的那种人。他与别人交流沟通时总是表现出极大的耐心，让人觉得他彬彬有礼。尽管他的工作业绩很突出，客户多，业务量也做得很大，但别人从表面上从来看不出他有多忙。这种人忙得很主动，忙得有条不紊，忙得有效率，这种人是工作的主人。

小张和小李同在一家公司的技术部门工作，两人的学历和技术水平都差不多。有一次，老板分别给了他们难度相当的两个项目，要求他们在一个月内拿出方案来。

为了能在规定的时间内拿出方案来，小李铆足了劲，每天都是第一个来到公司，又是最后一个离开公司。小张跟往常一样，按时上班，按时下班，没有一点忙碌的迹象。还不到一个月，小张的方案就拿出来了，而且顺利通过。可小李呢，已经过了一个月了，他的方案还没有做出来。

对此小李很郁闷，为何自己跟小张之间存在这样的差距，因为自己的技术并不比小张差。在跟同事闲聊这事时，同事实话实说地指出了他跟小张两人之间的差距在哪里。

小张做事时，有条不紊。首先，他把整个工作分成几块，每天要完成多少，都是有计划的；然后，每天集中精力完成自己的计划，在这个计划没完成之前，绝不分散精力考虑其他的事情。有这种高度集中的专注工作状态，自然能高效率地完成工作。

而小李呢，看上去每天都在忙个不停，但很多时候，连他自己都不知道在忙些什么。例如，他正在做着设计方案，做的同时，突然想起另一件事情，便放下手中的活，忙活另一件事情去了，等到忙完了，再来着手原来的工作时，思路也打乱了，精神也分散了。本来做项目就需要一心一意，等重新找到感觉，不知又要花多少时间才能回到原来的状态。在一些无谓的事情上耗费了太多的精力和时间，即便你加班加点，对于完成任务也没有用。

正因为小张注重了效率，保证自己的每一步工作都不是穷忙、瞎忙，才能在更短的时间内完成高质量的工作。

小李由于没有计划，没有规划，没有条理，看起来他比谁都忙，而事实上，他的业绩却不尽如人意。

现在是市场经济的新时代，那些光知道穷忙、瞎忙的人，越来越得不到别人的认可。 现在社会正越来越认可一个全新的理念：无论做任何事情，都要讲究效率和效益。

当今时代，多的是"忙人"。这些"忙人"每天急急忙忙地上班、急急忙忙地说话、急急忙忙地做事，一个月下来，却没有做成几件像样的事情。他们往往以一个"忙"字作为自己努力工作的漂亮外衣。其实，这种忙，是以虚假的"忙"来掩饰自己的低效率，这也是大多数人的通病。作为一个执行者，我们有必要问问自己，自己的"忙碌"给自己和单位带来了多少效益？

某财务总监，在同事的印象中，简直就是个工作狂，经常看到她在加班加点。她自己在例会上也说过，曾连续加班三天三夜。这种工作劲头，大家都以为她工作非常扎实，效果也应该很好。然而出人意料的是，在她任总监不到一年的时间里，居然有半年的账未做。

是呀，一个工作不分白天黑夜的人，白天上班还能有多少效率可言呢？

其实，工作效率和工作业绩才是最重要的。整天忙忙碌碌但不出成果，并不是一个有效的执行者。

有很多人可能就像这个财务部总监一样累得要死，但执行效率却不高。不要认为工作时间越长越能显示自己的勤奋，更不要认为整天瞎忙就是敬业，其实这是在阻碍效率的提高。只有告别"瞎忙"，才能让执行的效率提高。

忙，很有讲究。不管我们有多忙，都要避免"只见忙碌，不见效果"的现象，要学会忙，善于忙，力戒盲目地忙。

我们要清醒地认识到，忙碌并不等于高效率，不能以是否忙碌来作为衡量工作效率的尺度。只有体现在工作成效上的忙，忙在点子上的忙，才是真正意义上的忙。

实践证明，工作的成效来自忙碌的成效，并不是取决于忙碌的程度。我们需要做的是，要有效地利用自己的时间，在有限的时间里，用正确的方法去忙该忙的事。这样才能提高效率，获得最大的收益。

## 事前准备等于把时间提前

从前,有一匹野狼在草地上勤奋地磨牙,狐狸看到后非常不解,问道:"周围又没有危险,为什么要那么用劲磨牙呢?"野狼回答说:"平时我把牙磨好了,到时就可以保护自己了。"仔细想想,狼的这种行为是非常可取的。

平时把牙磨好,关键时刻就可以保护自己。这不就是我们常常说的"有备无患"吗?而事先准备就等于把事情往前赶,也就有利于把完成的时间大大提前。

平时就算安全的时候,也提高警惕,不断地磨炼自己,到危险时,就可以毫无顾忌地迎战了。平时准备得万无一失,到危险时就可以轻松一些。举个最简单的例子,晚上临睡前把第二天要用的东西都准备好,这样的话即使你第二天睡过了头,也可以轻松应对。

凡事都先做好准备,这样无论面对什么样的状况都能轻松应对。之前准备得万无一失就不会有失误,危急时也可以救自己。要知道如果你平时过得十分闲散,到危险时,即使你想应对,也是心有余而力不足,但只要你过得稍稍辛苦一些,你就可以应对未知的危险。请记住,凡事都要做好准备,因为这个举动也许某一天会救了你自己。

有一句话是这么说的:"机会时常留给有准备的人。"准备是一种战略,是一种智慧,时刻准备着,可以防患于未然。正如一匹狼在闲暇之余,忙着磨牙齿,就是为了哪一天来对付猎人或老虎。临阵磨枪是兵家大忌,这样往往会吃大亏,会失败。凡事我们都去做好相当的准备才不至于等到火烧眉毛、事到临头的时候空悲切干着急了。

"螳螂捕蝉,黄雀在后",危机与挑战时刻在等着我们。如果不做好准备,必定会成为"螳螂"的下场;如果不做好准备,等待我们的必定会是失败。将"准备"这一智慧装在心里,那样就算黄雀也只能眼巴巴看着螳螂逃跑。

提前准备好一切,就可以稳操胜券。在"二战"时期有一个词很新颖,那就是"闪电战",这是"二战"时期德国想出来的战术。这是一种趁人不备时进攻的战术,在战争中它的效果十分明显。但是如果被德国所侵占的国家提前做好战斗准备,战争的结果也许就不会这么惨。

人常说"兵马未动,粮草先行"。不管做一件大事也好,做一件小事也好,有准备的人成功的概率往往比那些没有准备的人高得多。人的一生中,有很多危险在你猝不及防时向你扑来,为了应对这样或那样的危险,我们应时刻准备着,在危险和困难面前,做到淡定自如,化解危机。我们应该学习狼时刻准备的精神,来面对挑战。时刻准备着的人,才能笑到最后并登上顶峰。

## 第六章
# 提升速度,克服拖延需要马上行动

## 别等"万事俱备",接到任务马上执行

平常工作中,如果接到了某项工作,就需要我们立即采取行动,因为世界上有93%的人都因拖延懒惰而一事无成。昨日有昨日的事,今日有今日的事,明日有明日的事。一百次的胡思乱想抵不上一次的行动。

心理学家们多年来一直在探寻成功人士的精神世界,他们发现了两种本质的力量:一种是在严格而缜密的逻辑思维引导下艰苦工作;另一种是在突发、热烈的灵感激励下立即行动。

世界上永远没有绝对完美的事。"万事俱备"只不过是"永远不可能做到"的代名词。一旦延迟,愚蠢地去满足"万事俱备"这一先行条件,不但辛苦加倍,还会使灵感失去应有的乐趣。以周密的思考来掩饰自己的拖延,甚至比一时冲动行事还要糟糕。

那种一味地企盼"万事俱备"后再行动的人,只会让工作永远没有"开始"。人们往往在事情到来之时,总是先有积极的想法,然后头脑中就会冒出"我应该先……"这样一来,你的一只腿就陷入了"万事俱备"的泥潭。一旦陷入,你将顾虑重重,不知所措,无法定夺何时开始,时间也就这样一分一秒地浪费了,你也会不断地陷入失望的情绪里,最终只有以懊悔面对仍悬而未决的工作。

威廉·詹姆斯说:"灵感的每一次闪烁和启示,都让它像气体一样溜掉而毫无踪迹,会比丧失机遇还要糟糕,因为它在无形中阻断了激情喷发的正常渠道。如此一来,人类将无法聚起一股坚定而快速应变的力量来应对生活中的突变。"

沃尔特·皮特金在好莱坞时,一位年轻的支持者向他提出了一项大胆的建设性方案——投资一部上千万的电影。在场的人全被吸引住了,它显然值得考虑,不过他们可以从容考虑,然后讨论,最后再决定如何去做。但是,当其他人正在琢磨这个方案时,皮特金突然把手伸向电报机并立即开始向华尔街拍电报,电文热烈地陈述了这个方案。当然,拍这么长的电报价格不菲,但它表达了皮特金的信念。

出乎意料的是,一千万美元的电影投资项目就因为这个电文而拍板签约。假如他们拖延行动,这方案极可能就在他们小心翼翼地漫谈中自动流产——至少会失去它最初的光泽。然而皮特金立刻付诸了行动,在这场无声息的战争中占得了先机。

很多人羡慕他办事如此简明。但他之所以办事简明,就是因为在长期训练中养成了"马上行动"的习惯。不管从事什么行业,一旦接手某项工作后,必须抓住工作的实质,当机立断,立即行动。

大多数的时候,当你立即进入工作的主题,将会惊讶地发现，如果拿浪费在"万事俱备"上的时间和精力处理手中的工作，往往绰绰有余。而且，许多事情你若立即动手去做，就会感到快乐、有趣，加大成功概率。最消磨意志、摧毁创造力的事情，莫过于拥有梦想而不开始行动。

如今的人们最容易染上的可怕习惯，就是遇事明明已经计划好、考虑过，甚至已经做出决定了，却仍然畏首畏尾、瞻前顾后，不敢采取行动。对自己也越来越失去信心，不敢决断，终于陷入失败的境地。

马上去做！亲自去做！是现代成功人士的做事理念。任何规划和蓝图都不能保证你成功，很多企业之所以能取得今天的成就，不是事先规划出来的，而是在行动中一步一步经过不断调整和实践出来的。因为任何规划都有缺陷，规划的东西是纸上的，与实际总是有距离的。规划可以在执行中修改，但关键还是要马上去做！根据你的目标马上行动，没有行动，再好的计划也是空谈。也许，在开始的时候，你会觉得做到"立即行动"很不容易，因为难免会发生失误。但你最终会发现，"立即行动"的工作态度会成为你个人价值的一部分。当你养成"立即行动"的工作习惯后，你就掌握了个人进取的秘诀。当你下定决心永远以积极的心态做事时，你就朝自己的成功目标迈出了重要一步。

立即采取行动，还会提升自己的人格，发展自己的个性。但最重要的是，你做了你想做的事情。如果你缺乏勇气、忍耐力、魄力、决断力，那就磨炼自己具备这些能力。你应该深信，上天赋予你一种神奇的力量，使你能够改变自己。如果你已做了一个真正的决定,那就要马上行动起来。 方法是写下开头的几个步骤:你做这件事情的原因;哪几件事是你现在马上可以进行,并且对你的新决定有帮助;你有什么与众不同的想法;你打算分几个步骤;有谁可以给予你帮助……你要将这些可以立即做的事在表上罗列出来,并马上去实行它们,现在就去做!

## 心动不如行动

俗话说：“说一尺不如行一寸，心动不如行动。”很多人一直很疑惑，成功者与失败者之间的差别到底在哪里？其实，人与人之间在智力上的差异并不如想象中的那么大。很多事情，大多数人都知道，但是，能不能做到，做的结果如何，却是千差万别。

无论公司老板还是一名普通的员工，光能想出好的战略是不够的，只有把工作落实到行动上，才能得到你想要的结果。如果只有心动而没有行动，那么永远都是"纸上谈兵"。

文莱克是一名食品推销员，他十分热爱自己的工作，但同时也非常热爱钓鱼和打猎，他总是喜欢在周末的时候带着钓竿和猎枪到郊外钓鱼打猎，几天后，再心满意足地带着一身的疲惫回家。但是，这种爱好使他乐在其中的同时又困扰着他。因为这个爱好占据了他太多的时间，几乎影响到了他的工作。

他想找到一种可以两全的办法。有一天，他从外面回到工作岗位上时，突然产生了一个十分奇异的想法："我可以在郊外开展业务。因为铁路的员工大都居住在铁路的沿线，途中还散居着许许多多的猎人和矿工，这些都是潜在的客户。"这个想法令他兴奋不已，这样一来，他便可以在狩猎途中，兼顾自己的工作，这简直就是一个一举两得的好事。

接下来,他开始着手此项计划,没等跟家人告别,他便回家打点行装,进行准备工作,这样是为避免自己被犹豫和拖延影响了决心,而导致自己最终放弃这项完美的计划。直到第二天,他才告诉家人他已经在郊外开始工作了。他的小儿子一直嚷嚷着要找爸爸,这让他有点想要回家,但他马上打消了这个念头,还在心里默念:"幸亏自己行动得早,不然,肯定会因舍不得家人而出不了家门了。"

之后的日子里,他沿着铁路沿线开始工作。那些人对他的到来表现得十分友善和热情,他的工作开展得也十分顺利。在和这些人的接触之中,文莱克与他们产生了深厚的感情。文莱克教他们一些生活中的小手艺,给他们讲外面世界中的传奇故事,因此,他成为他们的尊贵宾客,文莱克推销的食品也大受欢迎。文莱克在这里工作了三个月后回到公司。随后的一年中,文莱克因这次行动而创造出了百万美元的业绩。

文莱克的成功说明了什么呢?任何伟大的理想,如果不付诸行动都只是空想而已,只有行动才会产生结果。 行动是成功的前提,任何伟大的计划,最终落实到行动上才能成就所谓的"伟大"。 取得成功的唯一途径就是立刻行动,而不是一味地"心动"却从来没有行动。

行动往往能够表现出一个人敢于改变自我、实现自我的决心,同时也是一个人能力的证明。 心里有了一种想法,不付诸行动,却束之高阁,永远都看不到胜利的曙光。美国著名成功学大师马克·杰弗逊曾经说过:"一次行动足以显示一个人的弱点和优点是什么,能够及时提醒此人尽快找到人生的突破口。"

工作当中,有些人总是抱怨老板不能发现自己的才能,其实,是他们自己没有将这种才能付诸行动。他们在"心动"的环节中浪费了太多的时间,却没有在实际工作中加以实施。

而那些聪明的职业人不仅会时时产生一些"聪明"的想法,而且,他们还会将这种想法及时地在工作中加以运用。他们不会将时间浪费在做梦和犹豫中,而是一旦有了想法,就立即行动,这才是成功的关键所在。

## 不做人见人嫌的"拖拉族"

在如今的工作当中，很多人都有一个坏习惯：那就是"拖"，今天的工作拖到明天去做。这种凡事都留待明天处理的态度会使你很快就变成一个人见人嫌的"拖拉族"。

了解影视圈的人都知道，很多艺人之所以能取得今天辉煌的成绩，除了艺人们自身的不懈努力之外，还应该归功于他们"不拖拉"的好习惯。香港著名艺人吴镇宇就是其中之一。

吴镇宇在未圆明星梦之前，仅仅是一个普通的公司员工，1985年他正式毕业于无线（TVB）艺员训练班，后来参演剧集《生命之旅》扮奸角成名，接演过《公司三文治》《卡拉屋企》《难兄难弟》等电视作品。1992年吴镇宇离开无线外闯，先后拍过包括《古惑仔情义篇之洪兴十三妹》《全职大盗》《新古惑仔之少年激斗篇》《非常警察》等在内的70多部港产片，他之所以能够如此多产，和他想到就去做有着密不可分的关系。

记得在《枪火》的后期制作过程中，吴镇宇因为过于劳累，精神状态不佳，在剪辑过程中总是不满意自己剪辑之后的作品，这让他很是痛苦，要知道，如果《枪火》剪辑不好，不仅仅对自己的演艺生涯会产生消极的影响，甚至还会被别人笑话。

一心想着如何剪辑的吴镇宇越是着急，就越是剪辑不好，无奈之下，他决定放下手头的工作，好好地让自己休息一下。第二天，他约了几个好友一起去郊外散步钓鱼。可能是因为受到环境的影响，他的思路开始清晰起来，他竟然对《枪火》的剪辑有了新的思路，并且这种思路一旦迸发出来，便一发而不可收。

此时身边的好友正玩得高兴，而吴镇宇却告诉他们自己要起程回去，完成《枪火》的剪辑。一听吴镇宇这么说，几个好友都傻了，他们好不容易才来到郊外，不到一个小时的时间却要赶回去，并且郊外离城里还比较远，即便现在赶回去，也可能要到晚上才能开始工作。几个好友都劝吴镇宇："明天再说不行吗？你要是有思路，你把它记录下来不就可以了吗？"其他好友纷纷附和。

可是吴镇宇却显得相当"固执"，非要立刻回去不可。在他的坚持之下，众好友只能"屈从"吴镇宇的安排，极不情愿地踏上了返程的路。一路上，好友们都沉浸在无限的遗憾当中，而唯独吴镇宇却忙着记录自己的思路，并且一到工作地点，便开始了忙碌。

虽然大家都有点不甘心，但是看到吴镇宇如此看重自己的工作，便纷纷原谅了他，也开始投入到了工作之中。

对此，吴镇宇曾经说过："这种感觉是一闪而过的，如果你拖拉、想着明天再去做，很可能你会失败，因为一旦这种感觉失去了，就不会再来了。"

正如吴镇宇所说，拖拉失去的不仅仅是时间，有时候还是我们的创意。从某种程度上来说，拖拉是成功的"杀手"之一，并且它对于成功的"谋杀"都是在无声无息中进行的。一旦遇事开始拖拉，就很容易再次拖延，直到变成一种根深蒂固的恶习，以至于很多工作根本无法开展下去。

那么在日常工作中，我们该如何做才不会出现拖拉的情况呢？

首先，在心理上不要懈怠和放松。如果你对某项工作不够重视，或者心生懈怠、放松的情绪，那么你很可能已经陷入到拖拉的陷阱之中。比如，你觉得这份工作并不是很重要，今天做可以，明天做也可以，按照人们的惰性心理，你肯定不会想着今天去做完，而是会拖到明天甚至是后天。

因此，要想改变拖拉的习惯，就需要在心理上避免产生懈怠和放松的情绪，绷紧自己的神经，只要能在今天完成的工作，绝对不拖到明天。

其次，提高自己的兴趣。在职场之中，很多人之所以会产生拖拉的现象，是因为这类人对现在的工作不感兴趣，不想也不愿意去做，甚至他们根本就不喜欢这份工作。这种"排斥心理"使得他们产生了"能拖一天是一天"的心理。其实我们在日常工作中也有相似的经验，如果这份工作是自己喜欢做的，我们会很快完成，并且还会完成得比较好，但是如果这份工作或者这个项目不是自己喜欢的，你可能会一直想：如果能不去做多好。那么一旦有了"可以不做"的契机，你就会产生拖拉现象。

再次，给自己明确的截止时间。如果一项工作没有明确的截止时间,那么毫无疑问,我们会无限制地拖拉下去。这是由人的惰性所决定的。相反,如果有了截止时间,一般情况下我们都会在截止时间之内完成。这就给了我们一个启发:要想改变拖拉的习惯,不妨给自己设定一个截止时间,通过这些"临界时间点"给自己一些紧迫感,从而改变拖拉的习惯。

## 第一次就要把任务完成到位

有一位企业家，曾因为他的工厂总是不能按期完成生产计划、按期发货而苦恼不堪。为了赶工期，他不得不新招了400名工人，但是生产进度永远赶不上订单的增加。

他的工厂是一间非常现代化的大工厂，厂房明净，规划整齐。他们有七条装配线，可以把不同的部件组装在一起。在每条装配线的尽头都设置了检查站，一旦出现问题会被专职人员记录在案。每台机器都会出现问题。出现问题的产品被送到返工区，那里搭建了几个工作间，由最有经验的工人负责返工的工作。在返工之后，机器就可以出厂，发给用户了。

从表面上看，好像不存在任何问题：

机器不可能不出错；所有的工人都是很敬业的，他们为了返工可以工作到夜里12点，他们已经工作到极限了；技术上的改进在未来2年内是实现不了的。

后来有人给他提了个建议，那就是取消返工区。并且告诉他，只需要做这一件事情，就可以把所有问题解决，而且以后永远不会出现返工。

"这是不可能的！"老板叫道。那人劝他不妨试一下。

"取消返工区？那返工的产品在哪里重新加工？要知道返工的产品占了全部产品的30%！"那个人在纸上写下

了这样的建议：

关闭返工站，让在那里工作的人都回到各自的生产线当中去，作为指导员和培训员。

在生产线尽头摆上3张桌子，让质量工程师、设计工程师和专业工程师各管一张；将出现的缺陷按"供应商的问题""生产过程中产生的问题"以及"设计的问题"进行分类，并且坚持永远、彻底地解决和消除这些问题；将机器送回生产线去修理；建立"零缺陷"的工作执行标准。

老板一脸的疑惑，但还是照着办了。结果，他发现了许多管理问题，比如，订购零件时，只看价格高低，没有对生产线的工人进行很好的培训；有的人接受了一种观念，就是一切都需要返工，所以不够负责任。

几星期之后，他们又能按期生产了。他们还在制造车间立了一个标志板，上面写着无故障、无缺陷产品的天数。随着时间的推移，这个数字越来越大，甚至连他们自己都不相信。他们也学会了检查新产品的好方法：工人一边装配，一边将出现的问题提出来并解决。

而最让人高兴的是，由于提供的产品质量稳定而可靠，他们占领了最大的市场份额。他们随后兼并的七家工厂，无一例外都做到了这一点。即使是那些工厂的工人只有小学水平的文化，他们都照样做到了"没有返工区"，随后，每家工厂的利润都翻了10倍以上。

事实证明，我们可以在第一次就把事情做到位的，为什么会一再返工呢？因为很多人在工作过程中告诉自己：没关系，即使这次失败了，我也还有下一次的机会。正是这样的心态造成了资源和时间的巨大浪费，直接导致企业的利益损失。

不知道你注意到没有，在日常生活中，有很多喜欢说"下一次"的人：

做学生时："我这一次没考好，下次一定会考好！"

找工作时："我这次面试没通过，下次一定要通过！"

与恋人分手时："这次没找到好的对象，下次一定要找到比他（她）更好的对象！"

业绩没达成时："我这个月没有达到业绩目标，下个月我会争取达到！"

在同那些不成功的职业者的交流中，你会发现他们或多或少都给人一种"局外人"的印象，总是在被动地等待着机会的降临。看到别人获得升迁，他们的反应是：他的机会比我好，如果我有同样的机会，或许会做得比他更好。这样的人在执行任务时从来不会去想要做到100%，因为他们相信"下一次"。难道人们真的认为有无数"下一次"在等待他们吗？

一个人如果不全力以赴执行工作，抓住机会，那么即使上帝也帮不了他的忙。况且在现实生活中，机会绝不会随随便便就降落到你的头上。你不妨想一下，如果你是一个公司的领导，你的下属面对你交给他的任务，随意懈怠，不想方设法完成任务，一旦没有完成，还向你保证，下次一定圆满完成任务。你会给这样的下属晋升和加薪的机会吗？

真正的强者，他们从不指望"下一次"，而是100%执行现在的任务。如果现在的任务执行不好，那么很可能就没有下一次了。比如公司领导告诫自己的员工：公司离破产只有30天，你离失业也只有30天。设想一下，如果公司的全部员工都在期待着下一次，这个公司的唯一结局只能是破产倒闭。有多少庞大的企业就是因为一时的决策和执行不力，从此陷入困境，一蹶不振。组织是这样，个人也是这样，我们见过很多人就是因为一次的失策而断送了自己的前途。所以，如果你把希望寄托在下一次，那么你就永远是观看别人成功的旁观者。

有两家软件公司同时瞄准了一家大客户。谁若是赢得这家客户，不仅意味着巨额的订单，而且未来还会获得更大的销售机会，并在同对方的竞争中占得先机。两家公司展开了激烈的竞争。结果客户发现，两家公司在产品展示、需求分析、价格比较、售后服务承诺方面都不相上下。为了做出选择，客户想出了一个主意。在周末的晚上十二点，他打电话给两家软件公司的项目经理，希望他们能够在半个小时内赶到客户的办公室，再做一次产品演示。第一家公司的项目经理认为虽然客户的要求有些奇怪，但是并不过分，完全在自己的职责范围之内。于是他带上相关资料，准时赶到了客户的办公室。另外一家公司的项目经理接到电话后则认为客户的要求很过分，好像是在有意刁难自己。他先是提出能否到第二天再做产品演示，在遭到拒绝后，又很不情愿地表示：最早也要一个小时才能到。

结果，客户理所当然地选择了第一家公司。他的理由很简单：在产品不相上下的时候，人的因素就占据了主要地位。很难想象第二家公司的员工在产品质量出现问题时会有很好的售后服务。

第二家软件公司还会有挽回败局的下一次吗？相信客户不会给他们第二次机会。在争夺这家客户的竞争中，仅仅因为一次的执行不力，第二家软件公司就彻底出局了！

当然，强调没有下一次，并不意味着只要有一次执行不力，你就会遭遇工作上的彻底失败，很多的公司和个人往往是在经历了很多次的挫折后才成熟起来。没有下一次，更重要的是要求你具有这样一种心态：在完成每一项任务时，都要全身心地去做，不能抱有侥幸心理，认为自己还有下一次机会。如果你在做领导交给的第一件事时就抱有这样的想法，那么在做第二件、第三件事情时，这种心理会一直伴随着你。一旦你抱有"还有下一次"的想法，你就不可能100%地去执行当下的任务，因为你给自己留下了后退的余地。久而久之，"还有下一次"就会成为你的一种工作习惯。在你还没有开始工作的时候，你就为自己的失败寻找了借口，你又如何期望自己能够全力以赴地做到100%执行？

正如所有其他的具体能力一样，落实的能力需要你具有出色的思维习惯；与其他能力不同的是，落实的能力更加强调你在实践时将思想百分之百转化为成果的能力，这与落实能力的其他要求一起形成一个有机整体，这也正是落实能力的特点，是它区别于其他能力所在。

不要指望"下一次"。很多时候，你并没有下一次做选择的机会。不要总说"下一次我一定做对"，在第一次的时候就把它做好吧。不能把工作一步做到位，只会浪费更多的人力物力，对你对公司都不会有什么好处。相信你自己的能力，相信你可以一次就做好。

## 成功属于大胆行动的人

人要生存，离不开物质基础，农民种地、工人做工，都离不开行动。一个人要想得到发展，除了能干、会干外，还要会表现，但更重要的还要会行动。一个人只有采取积极的行动才能带来积极的效果。在你的职业生涯中，如果你为公司创造了真正的价值，你必将获得回报，但并不是马上得到。

但若仅仅把自己的工作当成是一种生存的需要，就有人会因为职业产生不如意、不称心的感觉，在工作中带着无奈而被动地工作，对付完成每天的工作。

如果每个人都能全身心投入到自己的工作中去，即使是能力一般的人，也能取得很好的成绩，即使那些令人厌烦的人，也会使人改变对他的看法。每一个老板自然而然地觉得，勤勤恳恳、全神贯注、充满热情的员工更有价值，因为任何一个公司的领导都会把那些需要在短期内完成的事交给那些勤奋的人去做。因为他们知道，懒散的人只是精于偷工减料，他们中的多数人并不能正确估计自己的能力。他们不愿面对挑战，发展潜能。也正是如此，在这些勤恳的员工完成工作之后，他们会得到提升。这些员工的积极心态也会感染上司，上司也知道，这样的下属在尽力帮助自己，同时对那些喜欢逃避责任的员工也是一种激励。

另一方面，应该培养起自己立即行动的意识，要求自己在规定的时间内完成工作。如果你没有这种意识，你就会处在那些冷漠、粗心大意、懒惰的员工的影响下，对工作失去信心，产生一种随遇而安的心理。领导者也会自觉或不自觉地喜欢与有良好心态的员工在一起，关心他们的生活，对那些不专心工作、不负责任、不注重实绩的员工，有一种本能的排斥心理。

汤姆是一名30多岁的普通员工，收入不高却得养活太太和孩子，生活的重担让他生活得并不轻松。他每天努力地工作，却舍不得吃一顿像样的饭。

他们全家都住在一间小小的公寓里，每天都渴望着拥有一套自己的新房子：有较大的空间，比较干净的环境，小孩能有地方玩耍，而这房子就是他们的一份产业。可是买房子对于收入本来不高的汤姆来说太不容易了，哪怕是数目不太大的首付款也让他无能为力。

当汤姆付下个月房租支票的时候，心中总是很不痛快，因为每月房租和新房的分期付款差不多。于是汤姆有了一个主意，他对太太说："下个礼拜我们去买一套新房子，你看怎么样？"

"你是在开玩笑吗，我们哪有能力，连首付款都付不起。"妻子尖叫着，不知道为何丈夫会有这么奇怪的想法。但是汤姆已经下定了决心，他说："在这个城市，跟我们一样想买新房的夫妇大约有几十万，其中只有一半

## 第六章 提升速度，克服拖延需要马上行动

能如愿。一定是什么事情让他们打消了这个念头。我们只有行动起来，才知道怎么去做。虽然我现在还不知道怎么凑钱，可是一定能想出办法。"妻子听着丈夫如此坚决，就不再出声。

说干就干，一个礼拜之后，汤姆真的找到了一套非常喜欢的房子，虽然不大但是足够居住了。可是这房子首付就是10万美元。于是接下来的日子他为了这笔钱到处奔走。他的朋友、同学、亲人、同事，他没有遗漏一个能借钱给自己的人。可是尽管如此他也只凑到了8万美元。

当一切可能都因为首付款的问题而被搁置时，他突然又来了一个灵感，他想找开发商洽谈，向他们借款。当销售人员第一次听了他的想法，感觉吃惊。因为之前从没有人提出过这样的要求。经过一再沟通，开发商竟然真的同意借款2万以每月2千的方式偿还。

就这样，首付款终于有了，他们可以住进自己的房子。可是每一月的分期付款也是一个难题。汤姆的薪水捉襟见肘。为了还得起分期付款，他向老板要求加薪水。他对老板说明了自己的境遇，并保证公司的事他会在周末做得更好。老板被他的诚恳和坚决感动，于是也答应让他周末加班，并付给他一份额外的工资。一切都很顺利，汤姆过了不久就搬进了新家，看着宽敞明亮的新房，夫妻俩相视而笑。

有好主意就马上行动，成功总是躲在困难之后，我们要做的就是用力去拨开成功道路上的荆棘。不要害怕已知和未知的困难，要相信自己总能想出解决的办法。如果自己去做了，一定会有所收获。

## 第七章

## 拒绝借口,心不难,事情就不难

## 没有任何借口

"没有任何借口"是美国西点军校200多年来奉行的执行准则,是西点军校传授给学员的第一理念。学员在遇到军官问话时,只能有4种回答:"报告长官,是。""报告长官,不是。""报告长官,不知道。""报告长官,没有任何借口。"除此之外,不能多说一个字。

在任务面前,有没有借口,体现出一个人对待生活和工作的态度是积极的还是消极的,同时也决定了一个人是成功者还是失败者。消极工作的人寻找借口,想通过借口逃避任务;而成功者往往是那些面对任务不找借口、积极执行的人。

失败了也罢,做错了也罢,再好的借口对于事情本身也没有丝毫用处。无论什么样的人,如果为自己找借口,就等于为自己开了一扇通往失败的大门。

名牌大学毕业的王晓陆学的是新闻专业,形象也很不错,毕业后被北京一家知名的报社录用了。但是,他有一个很不好的毛病,就是做事情不认真,遇到困难时总是喜欢找借口推卸责任。刚开始上班时,同事们对他的印象还很不错,但是没过多久,他的毛病就暴露出来,上班经常迟到,和同事一同出去采访时也经常丢三落四。对此,办公室领导找他谈了好几回,但王晓陆总是以这样或那样的借口来搪塞。

第七章 拒绝借口，心不难，事情就不难

一天，突然有位热心读者打电话过来说在一个地方有特大新闻发生，请报社赶紧派记者前去采访。那天，报社的人都特别忙，别的记者都出去了，只有王晓陆在，办公室领导只好派他独自前往采访。可没多久他就回来了，领导问他采访的情况怎么样，他却说："路上太堵了，等我赶到时事情都快结束了，并且已经有别的新闻单位在采访，我看也没什么重要新闻价值了，就回来了。"

领导很生气地说："北京的交通是很堵塞，但是你不知道想别的办法吗？那为什么别的记者能赶到呢？"

王晓陆急得红着脸争辩道："路上交通真的是很堵，再说我对那里又不是特别熟悉，身上还背着这么多的采访器材……"

领导心里更有气了，于是说："既然这样，那你另谋高就好了，我不想看到社里的员工不仅没有完成公司交给他的任务，还有满嘴的借口和理由，我们需要的是在接到任务后，不管任务有多么艰巨，都会想方设法把任务完成，并且比别人做得更好的人。"

就这样，王晓陆失去了令许多人羡慕不已的好工作。

在日常生活中，像王晓陆这样遇到问题不懂想办法解决，而是找无数借口来推脱责任的人并不少见。对他们来说，上班晚了，会有"路上堵车""手表停了"的借口；做生意赔了本有借口，工作落后了也有借口……他们这样做不仅损害了公司的利益，也阻碍了自己的发展。

139

拒绝任何借口，全力解决问题，追求结果，没有东西可以使你消极时，你的坚毅会吓退许多迷惑常人的心魔，会克服许多的困难与阻碍。

通用前CEO杰克·韦尔奇曾说："工作中，每一个人都应该发挥自己最大的潜能，努力工作，而不是耗费时间去寻找借口。因为公司安排你在某个岗位上，是为了让你解决问题，而不是听你那些关于困难的长篇累牍的分析。"他的话代表了很多老板的心声。

每一个借口都暗示着员工的懦弱与不负责任。对一个员工来说，工作是一种职业使命，就是不找任何借口地去执行。接受任务就意味着做出了承诺，就要无条件地去执行。

机遇存在于每一份工作中，和工作中的每一项任务、每一个困难紧密相连，如果你总是为自己找借口，就很难在工作中获得成长的机会。

不找借口是员工战胜一切困难达成目标的必由之路。具体来说，至少应从以下两个方面做起：

1. 自愿承担艰巨的任务

公司的每个部门和每个岗位都有自己的职责，但总有一些突发事件无法明确地划分到某个部门或个人，而这些事情往往比较紧急或重要。对于一名员工来讲，此时就应该从维护公司利益的角度出发，积极主动处理这些事情。

2. 用智慧解决问题

积极地寻找解决问题的方法，用创新的思维去思考问题，看似难以逾越的困难便可以迎刃而解，那些难以完成的工作也可以顺利进行。

　　作为企业的一员，员工有责任要求自己在工作中积极地寻找方法，从而更出色地完成任务。不找借口找方法、有智慧有能力的员工一定是最受企业欢迎的人，他们用智慧和执行能力为企业扫除棘手难题，创造巨大的财富。

## 不找借口，再艰巨的任务也能完成

在工作中，我们难免会遇到各种各样的困难。当遇到困难时，我们可能也有为其烦恼甚至找借口推脱责任的经历。但是，如果一遇到困难就退缩，逐渐养成习惯，那么即便是不怎么难完成的任务也难以完成。如果我们迎着困难前进，那么再艰巨的任务也能够完成。

当我们总是在寻找"任务实在太难了"之类的借口时，隐藏在背后的其实往往是自身能力的不足。"任务实在太难了"是一个极其漂亮的借口，它为很多不敢也不愿意尝试挑战的人找到了最好的挡箭牌。一个追求卓越的优秀员工，接到再难完成的任务，他们也有信心完成。

杨利伟是中国第一代航天员，后来成为中国进入太空的第一人。他身上肩负的责任重大，这一目标的艰巨程度可想而知。首先在知识上就是一大难关。杨利伟所在的部队师长为他送行时说："利伟，到训练中心要好好干，别的我都不担心，你飞了10年，飞行经验上没任何问题，你遇到的最大挑战就是基础理论知识和专业知识的学习。"

杨利伟进入航天员训练中心后发现，在基础理论课上自己的确欠缺很多，很多知识是自己以前从没有接触过的，要掌握这些知识的确很困难。

但是，杨利伟没有被困难吓倒，他坚信通过自己的努力和奋斗，一定会比别人进步得更快。于是他废寝忘食，努力钻研文化知识。进训练班的前两年，他每天都在半夜12点以后睡觉。因为自己的英语基础知识比较薄弱，他经常打电话给自己的妻子，让妻子陪他练习英语口语。通过不懈的努力，基础理论训练结束时，杨利伟的成绩是全优。

职场中，我们经常看到一些人以"难"为理由而不去完成任务或者做任务大打折扣，而看过杨利伟的故事，我们应该这样说：那些看起来"难"的理由，只是我们逃避困难的借口。

因为任务难而寻找借口的人最终会被社会淘汰。他们缺乏工作的能力，甚至不愿意靠努力学习来弥补能力的不足，他们很难在工作中做出成绩。对于员工来讲，只有勇于承担责任、不断解决工作中的问题，才能赢得佳绩。

分析一下"任务实在太难了"这句话，不难发现其潜台词是"我很难完成这个任务"。究其根本，我们还得从自身找原因。在面对困难的任务时，我们要做到以下几点：

1. 紧盯目标不放松

心中有目标，脚下就有前进的动力。面对困难的任务，要紧盯目标不放松，以目标为动力，努力达到目标。

2. 接受任务不畏难

面对领导交给自己的任务，不能以"时间太紧了""太累了""天气不好"等理由来推托，督促自己在有限的时间内完成艰巨的任务。不管工作多辛苦，摆在面前的任务有多艰巨，都要对自己说"保证完成任务！"

3. 保持信心

对大多数人来说，自己预设的困难往往最为艰巨。其实，看起来难以逾越的那座山，是我们自己搬过来挡住自己的路的。只要我们勇于突破这种自设的障碍，拥有必胜的信心，就能一步步走向成功。

4. 迎难而上，而非知难而退

面对困难时可以有两种态度：知难而退与迎难而上。知难而退的人，往往把"难"当成不去努力奋斗的借口，最终无法完成任务，或者即使完成也大打折扣。迎难而上的人，往往把"难"当成非克服不可的障碍，不仅能完成任务，甚至完成的效果比想象的更好。

遇到困难就想着退缩的员工，永远不能体会到"会当凌绝顶"的成就感，只有那些迎难而上的人，才能解决问题，获得成长的结果。

## 不找借口，再复杂的关系也能处理好

在生活和工作中，人们免不了要处理各种复杂甚至难以处理的关系。在所有难以处理的关系中，人与人之间的关系是最难的。因为人心善变，难以把握。甚至有人这样说："人心之险，甚于山川。"

但是，要做好工作，我们就得和各色各样的人打交道。面对这种情况，我们该怎么办呢？

这时，有不少人会找出种种理由：

"做事难，做人更难！"

"哎呀，那小子太糟糕了，我一辈子也不想和他打交道……"

"我不是这块料。与人打交道的事，由别人去做吧……"

其实，只要我们消灭种种借口，许多看起来难以处理的关系，也是可以处理好的。

从大学中文系毕业后，陆永强就进了企业。宣传部的工作虽然清闲，但同事间勾心斗角，格外热闹。领军人物自然是办公室的一把手韩智国。韩智国喜欢喝酒，尤其喜欢喝小瓶百威，有人就将小瓶百威成箱成箱地往韩智国家里送。

陆永强不会溜须拍马，每期评报会上，同事们要么一言不发，要么大唱赞歌。只有陆永强，直陈其弊，一针见血。这样一次两次的，就把韩智国得罪了。

在相当长的一段时间里，韩智国不安排他采访，不安排他编稿，更没有签发过他写的任何一篇稿件。陆永强一天天地"修炼"着，终于熬过了4年，韩智国被撤职了。按道理陆永强应该高兴才对，但他无论如何也高兴不起来。陆永强去订了一个大大的鲜奶蛋糕，上边写着"珍重"二字，送给韩智国，这让韩智国非常感动。

韩智国走了以后，又来了一位新处长，他和韩智国不同，比较欣赏陆永强的个性和才华。而陆永强的心态也变得平和多了，能够不浮躁地工作和生活。

陆永强送韩智国蛋糕的事传开后，同事都觉得陆永强正直、善良，有人情味，都乐于跟他亲近，陆永强也因此赢得了很好的口碑。

陆永强在面对领导的刁难时，没有找借口抱怨自己的不顺利，在韩智国被撤职的时候，他没有去冷嘲热讽，而是以自己的方式，处理了自己与韩智国、与同事之间的关系，得到了大家的认同。

办公室中的人际关系有时候非常复杂，往往隐含在日常生活的一些小事情中。不找借口，会带给你好人缘，还可能给你带来晋升的机会。在处理办公室关系时，我们应注意以下几点：

1. 多一点宽容之心

多一点宽容之心，心中也就会少一点借口和抱怨，人与人也就能更好地相处。

2. 不断改善自己

世界并不完美，而你又无法改变环境。那么就只能学着去适应环境，只有改变自己，让自己与职场相适应，才能将不可能变为可能。

3. 要圆通，不要圆滑

"圆通"，即融通无碍，"圆滑"更加突出狡猾的意思，形容为人处世善于敷衍、讨好，各方面都应付得很周到。在办公室中与人相处，可以圆通，但不能圆滑。如果一味圆滑，就可能失去自己的个性，变得人云亦云，缺乏主见。

## 不找借口，再难解决的问题也能解决

面对工作中的问题，有些人会找出各种冠冕堂皇的理由，"这件工作太难了，没法解决。""时机不成熟，条件不具备，我办不到。"就在他们不断强调这些理由和借口的时候，同样的问题已被不找任何借口的人解决了。

这说明，不找借口，再难的问题也可以解决。优秀的员工面对问题和困难时没有任何借口，因为他们深刻地认识到：越能解决问题，越能体现自己的价值。

问题在不同人面前呈现不同的状态：在抱怨者面前，它是绊脚石，让他在工作与生活中栽了一个又一个跟斗，或者让他止步不前；在行动者面前，它是垫脚石，让他在收获胜利的同时，又踏上新的起点。

甲、乙、丙三人一起供职于某加工贸易公司。虽然公司的产品销路不错，但是公司前一任销售经理跳槽，一些货款无法及时收回。有一个大客户半年前就买了公司10万元的产品，但总以各种理由迟迟不肯支付货款。

公司决定派甲业务员去讨账。甲觉得这位大客户不好惹，心想他欠的又不是自己的钱，就以"自己不适应当地的气候"为由不去。

公司于是派乙业务员去要账。乙找到那位大客户，但那位客户的态度很强硬，于是乙便以"客户太难伺候"

为由无功而返。

最后，公司又派丙业务员去讨账。丙刚跟那位大客户见面，就被大客户指桑骂槐地教训了一顿，说公司三番两次派人来催账，摆明就是不相信他，以后就没法合作了。丙并没有被客户的强硬态度吓退，他想尽办法说服那位大客户，晓之以理，动之以情，客户最后开了一张 10 万元的现金支票给丙。

丙业务员拿着支票到银行取钱，却被告知账上只有 99920 元。很明显，对方耍了个花招，那位客户给的是一张无法兑现的支票。第二天就是春节放假的日子了，如果不能及时拿到钱，便又要拖到年后了。

丙业务员突然灵机一动，自己拿出 100 元钱，把钱存到客户公司的账户里。这样一来，账户里就有了足够的钱，他立即将支票兑现。当丙业务员带着这 10 万元货款回公司时，公司的领导对他刮目相看，在年会上公开表扬他。后来，公司发展得很快，丙自己也很努力，在不到 5 年的时间里，他就当上了公司的副总经理，后来又当上了总经理。当初也曾讨过账的甲和乙则依然是公司里最普通的业务员。

丙业务员面对难以解决的问题，没有像其他员工一样找借口，而是坚持不懈寻找解决办法，最终利用自己的聪明才智圆满地解决了问题。

做事习惯找借口的员工绝不是称职的员工。如果你发现自己经常为了没做某些事而找借口，或是想出千百个理由来

149

为没能如期完成任务而辩解，就应该好好检讨一下了。

曾任微软全球资深副总裁的张亚勤说："不要害怕问题。工作就是解决问题，我们之所以有价值，就在于能够解决问题。"任何人只要不以问题的"难"为借口躲避，而是全力以赴地向问题发起挑战，甚至把困难和问题当成最好的机会，再难的问题也能解决。

以难为借口而拖延执行是可怕的，它使人们无法认识到自己的能力缺陷，使人们停留在原来的职业水平上，丧失锐意进取的心态。因问题难解决而拖延执行的人很难获得成功，要知道每个问题都是一个新的学习机会。因此，当面对一项很难解决的问题时，你一定要明白：

1. 越难解决的问题，越能体现工作价值

越难解决的问题，其中蕴涵的工作价值也就越大，同样也就越能体现你的能力与价值。

2. 要想不难，少点烦躁

要想解决问题，首先就得将自己的心沉下来，摒除烦躁的心理，冷静地思考和解决问题。

3. 把困难和问题当成最好的机会

危机，就是危险与机遇并存。困难和问题也是如此，当你解决了一个难题，你就会从中得到成长甚至升职的机会。

第七章　拒绝借口，心不难，事情就不难

## 抛弃借口基因

当不想做某事的时候，我们会说"这段时间我很忙"或者"我不知道怎么做"；当逃避责任的时候，我们会说"这和我无关"……人天生就有趋利避害的本能，这些借口恰好迎合了人的这种本能，成为难以驱除的顽疾。

如果在工作中总以某种借口为自己的过错和应负的责任开脱，第一次可能你会沉浸在借口为自己带来的暂时舒适和安全中而不自知，但是，这种借口带来的"好处"会让你第二次、第三次为自己寻找借口。因为在你的意识里，你已经接受了这种寻找借口的行为。不幸的是，这很可能会让你形成一种寻找借口的习惯。这是一种十分可怕的消极心理习惯，它会让你在工作时变得拖沓而没有效率，会让你变得消极，最终一事无成。

小黄大学毕业后，到一家公司做秘书。刚开始的时候，老板觉得她还不错。不久后，老板便发现小黄身上有个很大的毛病，就是遇到问题总喜欢找借口，从来都不想办法解决问题。

一次，公司新上了一个项目，要做一些宣传材料。老板吩咐她："小黄，你把这些宣传材料复印100份，明天早上交到我手上，千万不能耽误了！"

小黄满口答应："放心吧，明天早上9点准时送到您手上!"老板听了,满意地点点头。

可是,第二天小黄急匆匆地跑来对老板说:"昨天赶着做的,可是复印机坏了,所以还没有印完。"

老板不高兴地说:"复印机坏了,那你怎么不去找人修啊?"

小黄无奈地说:"我找了,可是修电脑的小王请假了。"

"小王请假了,你可以去找维修公司啊!"

"维修公司来人修了,可是到下班了才修好,我临时有事回家了,所以……"

老板无奈地说:"先这样吧,你现在赶紧去做,不能再耽误了!"

事后,小黄暗自庆幸,心想反正做错了事老板也不会怎样,更加不把工作当回事了。

没过几天,老板又派她给其他几个分公司送材料。结果,她跑了一个分公司就回来了。

老板问她为什么没有去其他的公司,她说:"我来到这个城市才几个月,很多地方我还没去过,不认识路,问了很多人,才找到一个公司。"

老板听了很生气,便质问她:"你跑了一天就找到一家公司,你这一天都在干什么?"

小黄狡辩说:"我找得很辛苦,好不容易才找到一家。"

老板说:"既然不知道路,为什么不打电话到公司问问清楚?"

小黄嘴里嘟囔着说:"大热天的让人家出去跑,反正

第七章 拒绝借口，心不难，事情就不难

我已经尽力了。"

老板听了更加恼火，终于下了辞退小黄的决心。

习惯对人们的生活有着深刻的影响，因为它可能在不知不觉中影响着人们的品德、思维和行为方式，左右着人们的成败。

一旦养成了寻找借口的习惯，一个人的责任心也就慢慢地烟消云散了。我们要拒绝借口，避免养成寻找借口的坏习惯。在工作中，我们应该想办法落实责任，而不是忙着找借口。做一个不找借口的员工，你就是老板器重的员工，你的职场之路才能越走越宽。

寻找借口的习惯对人的危害很大，在工作中，我们应杜绝找借口的习惯。下面的几个方面是每一个员工应该做到的：

1. 勇于承担艰巨的任务

面对艰巨的任务，你应该主动去承担。不论事情成败与否，这种迎难而上的精神会让大家对你产生认同。另外，承担艰巨的任务是锻炼自己能力的难得的机会，坚持这么做，你的能力和经验会迅速提升。

2. 对公司及产品充满兴趣和热情

利用每次机会，表达你对公司及其产品的兴趣和热情。当你向别人展示你对公司的兴趣和热情时，别人也会从你身上体会到你的自信及对公司的信心。没有人喜欢与悲观厌世

153

的人打交道，同样，公司也不愿让对公司的发展悲观失望或无动于衷的人担任重要工作。

3. 延长工作时间

许多人对这项习惯不屑一顾，认为只要自己在上班时间提高效率，没有必要再加班加点。实际上，延长工作时间的做法的确非常重要。优秀的员工不仅将本职的工作处理得井井有条，还会主动完成一些分外的事情。

4. 在工作时间避免闲谈

在公司，并不是每个人都很清楚你当前的工作任务和工作效率，闲谈只能让人感觉你很懒散或不重视工作。另外，闲谈也会影响他人的工作，引起别人的反感。你也不要做任何与工作无关的事情，如听音乐、看报纸等。如果你没有事做，可以看看本专业的相关书籍，查找一下最新的专业资料等。

5. 向有关部门提出部门或公司管理的问题和建议

养成这个良好习惯，你就不会再为出现的问题而沮丧，甚至可以在工作中学会大量解决问题的技巧，这样，借口就会离你越来越远，而成功也就离你越来越近。

# 第八章

# 掌握方法,提高效率要靠技巧

## 简化流程,提高执行成效

简化流程有助于提高执行的成效。

实际上,执行流程问题的关键在于:人员、战略、运营三个流程的统筹。这三个流程是执行力的核心。人员流程是执行力第一位的核心,因为人员可以保证战略和执行;企业能制订出正确的企业竞争战略是战略流程的目标;企业在现有的人力资源的基础上和企业竞争战略的前提下,制订出合适的运营计划,这就是运营流程的目标。人员等于用正确的人,这是执行流程的核心;战略等于做正确的事;运营等于把事做正确。三项流程的连接和综合程度,就表现为执行力。

### 一、人员流程

企业的基本组成元素是人,同时,人也是决定企业成败的因素之一,只有具备了充足的能够执行预定战略的人才,企业的执行力才会得到提高。所以企业一定要有完整的人员制度以及系统化的人员流程体系。

1. 健全人员流程的目标

(1)准确、客观、深入地评估每位员工。

(2)再好的千里马也需要伯乐来识别,因此,必须提供一个鉴别与培养各类人才的架构,以配合组织未来执行策略的需要。

（3）充实领导人才储备管道，以作为健全接班计划的基础。

## 2. 健全人员流程的关键

人员流程是保证企业正常运作的基础，领导者应抓住健全人员流程的几个关键，以确保企业的长期人才需求无虞，并且得以规划欲达成这些需求的必要行动。

（1）人员流程、战略流程、运营流程结合。人员、战略、运营三者密不可分，人员流程是后两者的执行基础、运行载体，战略是人员流程的发展方向，运营流程则对人员管理合理化有着至关重要的作用。因此，领导者在人员流程的过程中务必要将三者结合，从而确保企业内部人力在素质与数量上，均能配合执行策略所需。

（2）防止人员流失，建立战略性人才储备库。从前人总结的经验来看，人才流失是企业一直以来难以摆脱的噩梦，对占中国绝大多数的中小企业来说，人才流失的现象更为普遍。要留住人才，企业就得建立战略性人才储备库。通过战略性人才储备，领导者可以对企业人才现状进行深入分析，明确企业人才的层次、数量、结构及其与环境的关系。通过储备人才，使企业在激烈的竞争中获得人才优势，从而带动企业发展，以获得竞争优势。企业战略性人才储备库的建立可以通过以下步骤来实现：

①从外部广纳贤才。包括从各大学、专业技术学校招聘毕业生，通过猎头公司、各地区招聘网站来招揽人才等。

②培养复合型人才。人才储备首先要求培养复合型人

才，通过工作轮换，使员工轮换做不同的工作，以取得多种技能，同时也挖掘了各职位最合适的人才。

③培养管理人员。 对于中高级管理干部来说，应当非常熟悉业务工作，具有对全局性问题的分析判断能力。 而培养这些能力，显然只在某一部门内做自下而上的纵向晋升是远远不够的，必须使干部在不同部门间横向移动，开阔眼界，扩大知识面，使之与企业内各部门的同事有更广泛的交往接触。

（3）促进企业内部人才竞争。 企业容量有限，不可能一味吸纳人员，而要提高企业内部人员质量，除了自身培养外，还需要通过优胜劣汰的竞争模式来完成。 这样做不仅仅能保障企业活力，更能提高企业人才质量。

（4）人力资源与企业经营成果结合。 如果你认为人力资源在执行文化中没那么重要，那么你就有必要纠正你的观点了。 其实人力资源的重要性更胜以往，只是角色上有了显著的改变。 人力资源必须整合到企业流程中，与策略、运营乃至人员评估衔接起来。 和传统的人事功能相较，人力资源的这个新角色更着重雇用导向，也成为推动组织向前更有力的推手。

3. 人员流程中的人才运用原则

什么样的人能用，如何用才能真正发挥出其能力？ 这里有一些人才运用的共同原则可供参考：

（1）唯才是用。

（2）看中学历，更重视能力。

（3）用人用其长，避其短。

（4）适才而用。

（5）通过招聘，提高人员质量。

（6）正确看待失败。

## 二、战略流程

无论是何种战略，其目的都在于争取客户，获得利益，并希望通过此战略创造永久性的竞争优势。企业战略虽然有多种，但基本属性是相同的，都是对企业的谋划，都是对企业整体性、长期性、基本性问题的计谋。简单地说，战略决定了企业的方向与定位，并让企业得以往这个方向移动。高效的执行力源于正确长远的战略，而好的战略应与执行相匹配。那么，企业如何才能制订出与执行相匹配的战略呢？我们可通过以下几个步骤来得到答案：

1. 限定企业愿景

企业愿景是由企业内部的成员所制订，借由团队讨论，获得企业一致的共识，形成大家愿意全力以赴的未来方向。而许多企业往往会存在这样的情况：没有愿景或是愿景过大、不切实际、很难实现。因此，建立愿景的第一步，就是说明企业从甲地走到乙地的明确步骤。管理人要结合个人价值观与组织目的，通过开发愿景、瞄准愿景、落实愿景的三部曲，建立团队，迈向组织成功，促使组织力量极大化发挥。

2. 让企业内部人员接受企业战略思想

只有让员工接受企业战略，从思想上真正意识到战略的重要性，才能使其明白自己为什么要这么做，这样做会有什么样的结果，而不至于盲目工作找不到方向。企业可以通过简单、直接的口号，传达战略的精髓，将战略融入员工的生活，或是通过培训来传达企业战略思想。

3. 设定战略的衡量标准

企业战略是否成功的标准在于企业绩效。从战略角度而言，绩效考核体系是帮助管理层了解企业战略执行情况的工具。然而，调查发现很多企业战略执行失败的一个重要原因在于绩效考核体系设计失误，尤其是对企业中层的考核，在中层偏一点，到基层员工就会离题万里。因此，企业的绩效管理体系必须从战略角度设计，并且企业的战略最后一定要落实到绩效管理体系上。

4. 排除不做的事

当企业的新战略出炉后，许多员工会有这样或那样的想法，大部分人普遍认为新的战略仅仅是一份备案，或者是一项试验。而对于本身工作都十分繁重的员工来说，去执行新的战略只会让其疲惫不堪，甚至连原来的工作都会受到影响。所以，在执行新战略之前应当卸掉员工多余的工作，从而避免员工做事时失去重点。

5. 开诚布公

开诚布公的目的在于让员工明白和了解什么工作才符合战略需要。同时，高层主管也要将绩效评估的标准与战略结合，否则战略执行最后很容易失败。如此一来，基层人员才会知道，什么样的工作不能做，以免浪费时间；什么样的工作做不了，因为企业无法胜任。

6. 战略进程监督

决定公司成功与失败的战略因素有四个，即：战略的选择与明确性；战略的执行；应对突如其来的变化和快速变化的市场情况的能力；以及进行成功兼并与收购的能力。领导者应当在企业中建立一个运营指标系统，对这些企业成功的关键因素进行监控。这一指标系统必须非常精确，随时反映出各种关键因素的即时状态，例如新产品开发、总体周期和客户关系指数等。同时，对指标系统还要进行合理安排，使得领导者的监控更加简便。另外，企业的战略监督与控制必须明确影响企业发展的关键性因素。同时，必须使企业中所有员工了解这些关键因素对企业业绩的影响。只要设计合理、完善管理，这一系统还可以随时对这些关键性指标进行评估，使企业尽早发现问题。企业就能够借此争取到宝贵的时间，确定出现问题的原因，抓住机遇，及早采取改进措施，避免机会、时间与成本上的巨大损失。

7. 建立执行与战略之间的良性循环

战略管理就是管理战略执行的程序，包含内部与外部资讯的结合。内部资讯是了解哪些活动在轨道上运行，今天有哪些工作是重要的；外部资讯包括产业趋势、对手的动作、经济的走向等。经理人必须掌握：哪些趋势转变了？这些趋势与企业的战略是否相违背？该采取什么相应措施？只有内部资讯与外部资讯相结合的情况下，战略与执行之间才能良性互动。

## 三、运营流程

战略规划的实现需要运营计划的支撑，从而实现企业目标。战略流程为企业指明了前进的方向，人员流程则是筛选哪些人应当参与其中发挥作用，而运营流程则为所有的参与人员提供了一个明确的路径，并通过目标的进一步分解实现最终目标。健全运营流程是企业成功的必然要求，但是运营流程不能单独存在，它需要与战略流程、人员流程结合，从而一起实现目标。

1. 常见的运营流程问题

在实际管理中，企业常见的运营流程问题有以下几个方面：

（1）从战略到运营管理的支撑体系缺乏，运营过于依赖人，而忽视制度和流程。

（2）没有建立企业运营流程体系，运营效率低下。

（3）缺少科学的运营计划，工作效率低。

（4）流程操作复杂、环节过多等，导致运行效率差。

（5）供应链运转周期不能及时满足客户的供货需求。

（6）企业内部研发、生产、销售、财务各环节之间没有形成合力。

（7）运营流程中没有向员工提供接受指导的机会。

（8）公司管理制度形式化，不能有效执行。

2. 确定有效的运营计划的前提

运营计划要发挥作用，取得效果，必须建立在正确的前提假设条件上。正确的假设是计划的前提条件，也是计划实施过程中的预期环境。一个企业的内外部环境纷繁复杂，领导者首先要全方位地了解和分析运营计划的前提条件，这样，制订出来的运营计划才能更适用于企业。运营计划的前提条件一般有四种类型：

（1）一般环境类，对政治形势、经济形势、技术进步、社会环境的预测等。

（2）产品市场类，对影响产品和服务需求的各种因素的预测。

（3）要素市场类，对土地、劳动、材料、零部件、资本和能源等要素的预测。

（4）内部环境类，对战略、政策、计划、组织机构、人员储备等内部环境的预测。

3. 编制运营计划

在确定了企业战略目标和拟定了有效的运营计划前提之后，就要制订具体的运营计划。编制运营计划可以采用自上而下的编制方法，也可以采用自下而上的编制方法。自下而上的编制方法即层层平衡，先制订部门计划再综合平衡，其优点在于执行比较容易，但是所需时间较长。自上而下的编制方法即层层分解，先制订总计划，再分解到各级部门，其优点在于不需花费更多的时间,但执行不一定顺畅。

### 4. 运营计划的跟踪与调整

跟踪是保证运营计划得以完成的重要手段。跟踪运营计划可以保证计划始终沿着目标指引的方向前进,使组织执行力得到提升。跟踪需要进行三项任务,即全面掌握信息、给予评价,并及时反馈。这样才能保证跟踪的有效性。

此外,运营计划是将来要做的工作步骤,在现实的基础上预测将来是困难的,也是很不确定的,因此在跟踪运营计划的同时,还应进行适当的调整。计划调整的形式和原则如下:

(1)计划修正:对计划方案的具体内容作某些改正,使其更完善。

(2)计划增减:对原计划方案作必要的补充、删减。

(3)计划撤换:在不改变计划对象的基础上,整体性调整、替换。

(4)稳定性原则:尽量保持计划的稳定性和连续性,避免将计划推翻重来。

(5)严肃性原则:态度要严肃认真,严格规定计划调整和修改的权限,对新计划也要重新进行评价和选择。

## 感情投入，提升亲和力

在实际工作中，很多领导总感觉执行不力，究其原因，多数情况都是没有在工作中获得下属员工感情上的认可，不能得到下属的理解，所带团队上下人心涣散，难以集中心力共同做事。

作为企业领导，需要有足够的个人魅力，足以吸引他人与自己相伴相随，齐心协力。比如，懂得关心下属员工，懂得与上司通力合作等。领导个人的管理魅力是一种感召和人格上的征服力，但绝不等同于压力和强制力。领导者应具备相当的个人魅力，或者说具有相当的亲和力，这点非常重要。称职的中层领导应该是高层领导和下属员工之间的桥梁和纽带。中层领导只有关心下属，才能在工作中接近和了解下属，也为下属接近和了解，从而有机会倾听来自一线的不同声音，并发现隐藏在事物表面下的真相，同时了解下属内心的真实需求和意见。

如果领导"善于聆听别人听不到的声音，看到别人看不到的事情"，通过自己个人的亲和力和独特的魅力将下属凝聚在自己的身边，创造出一种和谐向上的氛围，就会深刻地影响下属的行为，使整个组织或部门的管理和生产更加顺畅无阻。

有一则流传甚广的小寓言：北风和南风比威力，看谁能把行人身上的大衣脱掉。北风率先抖擞威风，气势汹汹地来了个寒风凛冽、冰冷刺骨,结果行人把大衣裹得紧紧的,无论如何也吹不掉;南风则不急不慢,徐徐吹动,顿时风和日丽,暖意融融,行人纷纷解开纽扣,脱掉了大衣。最终南风获得了胜利。

刚劲强硬的北风看似威猛,似乎比南风厉害多了,可偏偏被温暖柔和的南风击败了。这则寓言形象地说明,运用"南风法则"多尊重和关心下属,多一点民主和人情味,可以使下属真正感到领导者给予的温暖和信任,而不能一味利用手中权威强制执行。中层领导的政策应该是"大棒+胡萝卜",使下属主动去掉心中的包袱,激发起工作的热情。

领导应该采取正确的方式来加强管理力度,利用威信而不是依赖权威来增强执行力。权威是因有权而威,带有浓厚的强制和专断味道。威信则是由于领导者自身的学识、经验、能力和品格等,深深地感染并影响着周围的人,无形中令下属员工追随和服从。领导者在进行管理时,要以理服人而不是以权压人。以理服人会在员工心中自然地产生威信,使员工出自真心地信服,心甘情愿地为公司服务,帮助和辅佐领导者。

领导者应该认识到,任何一个人在工作、生活中都难免会犯这样或那样的错误,作为领导者,对待有过失的员工,应当尽量多作换位思考,设身处地地把自己放在当事人的位置上,为员工着想。领导者应该以一颗仁爱之心,把员工当作自己的亲人和朋友,不要一味指责,更不是避而远之。领导者要静下心来帮助他们找出出错的原因,耐心细致地做好疏导工作，力求让他们"吃一堑，长一智"，将造成过失的经历作为教训，把犯错的终点变为成功的起点。

所以，领导者，特别是中层领导者应当做到上下真诚协作，尽量多做工作、多承担责任，以诚心换真心，要给予手下员工足够的信任，使他们备受感动和激励，从而自觉维护领导者的威信，全心全意地做好分内的工作。

另外，领导者还应该善用亲和艺术，多理解、关心、宽容和尊重下属，着意为员工创造心情舒畅的工作氛围，发挥情谊的作用。比如，当下属员工遭受不幸或工作遇到挫折时，要及时给予关怀慰问；当下属出现较大的问题或者工作上出现较大失误时，该严厉时严厉，奖罚分明，才能让员工心服口服。

当然，强调感化并不是意味着领导者在管理上没有原则，做个好好先生。好说话的领导，短时间内会使员工觉得"不错、好说话、不难为人"，一时口碑不错。但长期下来，就会被员工当成摆设，对其命令阳奉阴违，执行不力，必然会在公司内部管理上产生许多坏的影响。其结果是，下属员工无视规则，公司的秩序荡然无存，工作效率日趋下降，自然也就谈不上执行有力。

## 直面问题，拒绝借口

一流员工找方法，末流员工找借口。那些总是借口多多的员工，很难让老板喜欢；相反，那些总能想方设法为公司办实事的人，无一例外地都成了老板的宠儿。

1956年，美国福特公司推出了一款新车。这款汽车无论是外观还是性能上都不错，且价格公道。但令人费解的是，市场对该款汽车的反应十分冷淡。公司会议上，大家绞尽脑汁就是找不出原因。

就在大家都放弃努力的时候，公司的一个年轻人对这个问题产生了浓厚的兴趣。虽然他只是一个见习工程师，汽车销售的事情和他一点关系也没有，但他一直坚信问题总有解决的办法，他希望能为公司做点什么。经过连日的思索，他终于想出了一个办法。他向公司提议刊登一个广告，内容如下："花56元买一辆56型福特"。即消费者只需先付20%的贷款，然后按每月56元分期付款，即可拥有一辆福特汽车。消息一出，这款汽车立即成为当月汽车销售的冠军。想出这个妙计的年轻人后来成了福特公司的总裁，他就是艾卡尔。

## 全面地看问题

股神巴菲特如是说:"思考永远是行动的前锋,在行动之前一定要先思考。"其实,思考不仅是巴菲特在股票投机市场稳赚不赔的秘诀,同时也是我们职场制胜的法宝。

鲁庄公十年春,齐国和鲁国对阵长勺。鲁庄公要击鼓进军,被参谋曹刿制止。等齐军三次击鼓过后,曹刿才说:"现在可以击鼓进军了。"齐军果然被鲁军打得四处逃逸。庄公见状,立刻下令追击齐军,又被曹刿制止了。曹刿下车仔细观察齐军的车痕,又登高远望后才让庄公下令追击齐军,鲁军大胜。

战后,庄公问曹刿战胜的原因。曹刿说:"打仗靠士气,一次击鼓士气最旺,二次击鼓士气减弱,三次击鼓士气全无。我们在齐军士气最弱的时候出击当然胜利了。齐军败退时,我见他们逃跑的车辙凌乱,军旗倒下,断定是真逃走,于是下令追击,所以我们胜利了。"

三思而后行并不是胆小怕事,而是对行动负责的最好表现。全方位思考对完美地解决问题是有很大帮助的。

横看成岭侧成峰,远近高低各不同。问题也是如此,需要多方位、全方面地考察。全面看问题是制订执行方案的重要前提,否则,制订的方案就有失偏颇,执行的效果当然也就不尽如人意。

　　大树底下有一头牛在吃草。三只蚂蚁在牛身上争论这头牛究竟有多大。第一只蚂蚁爬到牛蹄上，它说："牛大概和一个茶碗相当。"第二只蚂蚁爬到牛角上，说："不对啊，我觉得牛就是一个弯弯的小橛子。"第三只蚂蚁抱着一根牛毛，说："错了错了，牛和我们一般大呢。"牛听了三只蚂蚁对自己的评价很不高兴。它抖了抖身子，三只蚂蚁都落在了草地上。牛对它们说："你们爬完我的整个身体再说吧。"三只蚂蚁花了整整一天工夫才爬完了牛的全身，它们气喘吁吁地说："原来牛是一只很大的动物啊。"

现实中，我们常常会像三只蚂蚁那样，只看到了问题的一部分就轻易下结论或去行动。这样并不利于问题的解决。因此，看问题一定要全面。

## 杜绝执行中的个人英雄主义

组织中的不少成员，他们依仗自己能力强、业绩好，就把自己当成无所不能的英雄，无视规章制度，对领导者的要求置若罔闻，认为自己就是权威，没有必要听别人的指教，这是执行中个人英雄主义的表现。

一个组织的效益确实与这些英雄人物的贡献有着密不可分的关系，但是如今靠着极少数的精英人物托起一个成功组织的年代已经一去不复返了。现在的组织更需要团队执行力，没有团队的力量是不可能实现某一战略目标的。在执行过程中，个人英雄主义的过度膨胀不仅不利于整体发展，反而会对合作对象形成排挤，导致人与人之间的合作出现断层，还会造成团队的分崩离析。

像爱多、三株、乐华集团、秦池酒厂等曾经辉煌一时的知名企业为什么会从人们的视线中消失？曾经意气风发的英雄人物为何会如巨星般陨落？都与这些企业在战略执行中的个人英雄主义有着一定关系。这些企业人事更迭频繁，短短几年换了四五任总经理，每换一届领导就会出台符合各自利益的新战略，而不管大多数人的意见和建议如何，由此导致战略执行缺乏连贯性，还有不少人借此机会中饱私囊，致使企业利益严重受损。

有的领导者自身的执行能力很强，但由此产生了强烈的个人英雄主义思想。他们为了在上级领导者面前表现自己，什么事情都亲力亲为，导致下属对其产生依赖心理，使整个团队的战斗力因长期得不到锻炼而削弱。

倘若领导者自身表现有个人英雄主义，一切大小事务都由他一个人说了算，虽然执行比较容易到位，但与之相应责任也要由他一个人来承担，下属因自身原因导致的执行误差也由领导者去承担。这样，下属就会失去责任意识，执行也必然会打折扣。

当团队中出现个人英雄主义的人物时，一些下属还会失去成就感，故意不予配合，以使其出现失误，显示自己的重要性。最终会使整个队伍成为一盘散沙，不堪一击。

要提高执行力，就必须处理好团队利益与个人英雄主义之间的关系。必须在维护团队利益的前提下，发挥个人的积极作用。

## 具体问题要具体分析

用一种方法解决一切问题，是那些职场失意者的思维习惯，优秀员工要做到具体问题具体分析，对不同问题给出不同解决方案，才能将失败概率降到最低。

有一次，官员倪寻和李延同时患了头疼发热的病，他们相约来到华佗家看病。经过一番望闻问切之后，华佗开出了药方。奇怪的是，华佗给两人开出的药方完全不一样。两人不解地问："为何我们的病症完全一样，但药方大不相同呢？"华佗回答："从表面上看，你们的症状是一样的，但实质上病因不一样。倪寻的病是由于内部积食引起的，服泻药即可；李延的病是因为外感风寒引起的，当服发散驱寒的药。病因不同，下药当然不同了。"两个人听了华佗的分析，觉得很有道理，各自拿着药回家煎服。果然，他们的病很快就好了。

这个故事告诉我们，不同的问题当用不同的方法，如果不能做到对症下药，问题就不能得到有效解决。

## 学会参考和借鉴

康德说："每当理性缺乏可靠的论证思路时，类比这个方法往往会指引我们前进。"通常被验证过的东西都是相对安全的，所以当类似情况发生的时候，如果我们参考借鉴前人的经验，会更容易成功。

彼得先生是美国一家保健品公司的主管。公司产品质量不错，销量却一直不好。公司管理层为此伤透了脑筋。

有一次，彼得先生出差到迈阿密，回来的时候竟然遇到了劫机。经过十几个小时的谈判，劫匪和政府终于达成了协议，问题成功解决。就在要走出机舱的时候，彼得先生突然想起机场出口总是有人举着寻人或表明自己身份的牌子来接机。而这次劫机事件，出口肯定会聚集着各大媒体。于是他灵机一动，立刻将身边装产品的纸箱拆开，在上面写上一行大字："我是××公司的××，我和公司的××牌保健品都安然无恙，非常感谢营救我们的人！"

事情果然如彼得先生想象的一样，在他踏出机舱的瞬间，就被镁光灯和摄像头包围住了。彼得先生成了这次劫机事件的明星，公司产品也一下子家喻户晓了。

## 遇到问题找方法

一个人面对困难时所表现出来的态度，是他走向卓越或平庸的分水岭。一个优秀的员工总是能够主动找方法解决问题，而不是找借口逃避责任，找理由为失职辩解。

梅里兹是美国一家著名公司的技术开发人员。有一次，他参与了公司一项黏度超强的粘胶研制工作，谁知不但没有研制出超强度的粘胶，反而研制出了一种黏度超弱的粘胶。公司认为这种粘胶毫无用处，只能当废物处理掉，而梅里兹不死心，虽然他暂时还说不出它有什么用处，但他觉得这种粘胶肯定会对人们有某种帮助。

正好他有一位朋友参加唱诗班，这位朋友常常把小纸条夹在歌本里，以便能很快找到自己所要唱的诗，可小纸条老是掉出来。梅里兹见到后灵机一动，将自己所研制的超弱粘胶制成自黏性书签——将它粘在小纸条上，不但可以当成不会掉的书签，而且撕开时很方便，不会损坏歌本。

梅里兹进一步研究，又将这种粘胶制成自黏性便条纸。结果这种产品一上市，就风靡整个美国。许多人纷纷放弃使用图钉和回形针，转而用这种方便快捷的东西。梅里兹这项自黏性便条纸的发明为公司带来了丰厚的利润，在相当长的时期内成为公司的主打产品。

本来是要研究黏性超强的粘胶，结果却研制出了黏性超弱的粘胶。梅里兹的研究并没有按照预先设想顺利发展，而是出现了大问题，与原计划背道而驰。面对这样的危机，梅里兹并没有灰心，而是积极地寻找突破，终于把一项原本失败的产品做成了公司的金牌产品，而梅里兹本人也因为这件事为自己的职业生涯赢得了一次宝贵的机遇。

通过对众多企业成功人士的调查，我们可以发现他们身上有一个共同的规律：最优秀的人往往是主动找方法的人。他们相信凡事都会有方法解决，而且总是有更好的方法。

你努力过吗？对于你所遭遇的困难，你愿意努力尝试，而且不止一次地尝试吗？如果你这样做过，那你就会发现自己心中蕴藏着巨大能量。许多人之所以失败是因为未曾竭尽所能地尝试，而这些努力正是成功的必备条件。

工作的过程中，会遇到各种各样的难题，这个时候必须积极想办法解决。那么，怎样才能在遇到问题时，想出好的解决方法呢？

（1）不要找借口躲避工作中的困难。工作中每个人都应当发挥自己最大的潜能，努力寻找更有效的方法，而不是浪费时间寻找借口。

（2）不要抱怨，不要胆怯，更不要选择退缩或者逃避，要充满勇气和自信地面对问题。积极开动自己的脑筋思考问题发生的原因，同时向有经验的前辈请教。

（3）将大问题分解为多个小问题。当遇到的困难确实很大时，就将它分成一小块一小块逐个解决。

## 刚柔相济，执行兼顾情理

领导者的管理能力往往表现在下达命令上，因为在任何一个机构和部门中，令行禁止是最起码的工作纪律。作为领导者，如何给下属下达命令，这要看他所命令的对象而定。该硬则硬，该软则软，每一个领导都应该清楚这一点。一般来说，优秀的领导多以温和的和富有人情味的方法管理下属，也就是说以询问、鼓励和说服等方法带领他们前进。因为用奖励或肯定的方法使某种行为得以巩固和持续，比用惩罚或否定的办法使某种行为得以减弱或消退更有效。而且从长远观点看，批评过多会损害他人的自尊心，使他们的工作效率下降，给个人的精神造成极大的伤害。

但在必要的时候，为了加强管理，领导者有必要采取强硬手段。

一家大的生产公司下属的一个分公司一直存在严重的经营问题，于是一名新主管被派去负责，并告知要尽快"扭转局面"。新主管用了几周时间对分公司有关现状的资料进行研究后，决定马上进行重大改革，以挽救分公司。

他带来四名助手和三个装满了有关公司及其生产状况的资料和分析材料的手提箱，在赶赴分公司之前的两小时才通知公司的管理部门，一到便立即召集40名主管开会。会上，他简要地概括了对公司现状的分析意见，他此行所负的使命以及他认为公司今后的基本发展方向，他明确指出公司目前的经营行为令人很不满意。接下来，他当场解雇了四名高层主管并限令他们两小时之内离开公司；他明确宣布，谁也不要试图阻挡他对公司的拯救行动。最后，他宣布他将安排与公司每位主管会晤，从第二天早上7点开始。这样，60分钟的会议结束了。

在随后的关键的6个月中，那些留在公司的人积极与他合作。

这就是以快刀斩乱麻，坚决果断采用强硬手段解决问题的一个成功范例。这个主管为"扭转公司局面"而采取了极端措施，他的强权行为可能导致他手下主管们的集体辞职由此而使公司瓦解。但他仍然那样做了，因为他觉得除此之外再没有什么办法能使大家立即配合他的行动。有时候，使用说服的方法太费时间，如果人们不听从劝说，说服的方法将完全失效。

当今有些主管并不常用以权势压人的方法，因为他们知道这样做会冒一定风险，会引发一些问题。无论手段多么高超，高压管理最终还是会招致他人的抵制和报复，极端手段只有在极端的情形下才能采取。

但毫无疑问，领导者对于少数懒惰的下属，只能用简单明确的指挥式命令，如"下午将这批活干完""快去打扫会议室"。只有这种命令，才能叫他们立刻行动，不敢怠慢，不至于钻命令不明确的空子。这也是不得已而为之的方法。

对于大多数下属来说（指表现一般的下属和工作积极主动、进取心强的下属），就要采取询问请求式命令，例如，"这件事请你做好吗？""我们该不该这么干？"下属普遍愿意接受这种命令，自然也就能达到最好的指挥效果。为什么呢？道理其实很简单，没有人喜欢别人对自己表现权威，都渴望受到尊重。运用这种命令方式，领导者不是居高临下，而是以平等的身份和你商量，征求你的意见，请你参与决策，自然给下属带来受到尊重的喜悦。这种命令还有一个好处，可以避免领导者犯错误，使方案更完善。因为你下达的不是毋庸置疑的、必须执行的命令，而是询问式的，下属就有机会、有胆量说明他对这份工作的看法或者说明为什么不能接受这份工作，计划还有什么缺陷，或者认为这是一个好主意。领导者可以吸收正确的部分，以达到兼听则明的效果。有人担心，这样下命令，下属会不会将其视为领导者软弱的象征，或者不买领导者的账。请你放心，一般情况下是不会的。尽管领导者用的是请求询问式的语气，可在下属听来，这仍是命令。同样是管人，平庸的中层领导用员工之力，高明的领导用员工之心。人心，一种令人无法捉摸的东西，却成了虚与实的管理之道的交会点。

领导只有争取到人心，才能体现自己真正的领导力。因为人心是根本，是管理的关键，如果中层领导能够争取到人心，那么一切都会一帆风顺。

采取"软""硬"兼施的工作方法，领导布置的任务往往能很快、较好地被完成。对于领导来说，增强自己的领导力和影响力，激发员工最大限度地发挥出自己的潜能，是非常重要的一件事，只有这样才能进行有效的领导，才能促进组织的发展。然而，提高领导力和影响力并非是一件容易的事，很多中层领导进行了多种尝试，但收效甚微，这是为什么呢？原因就在于他们进行的是僵硬的管理而非用心的领导。

一些领导固执地采取严格的制度管理，用僵化的规范和行为标准约束员工的行为，并用呵斥和无情的惩罚维护这一严格的管理体系的运转。实事求是地说，这一体系是有效果的——严厉的惩罚使得每一双"手"都变得听话和顺从了，没有人胆敢违反操作规程，更没有人敢犯错——然而这些效果从另一方面来说又是一种损失，"手"的听话和顺从导致了"心"的违背和背离，不敢犯错同时也意味着创新的乏力。从长远来说，这种管理是失效的，是不利于获取员工的忠诚的，是有碍组织长远发展的。要想实现卓越的绩效，使员工圆满地完成任务，首先必须正确理解"心之为用大矣哉"这一博大精深的管理智慧，必须争取人心，争取员工的尊敬、忠诚和敬仰。若忽视了对于人心的争取，舍本逐末，只会导致企业成长的乏力。

著名的经典管理著作《领导艺术》一书中有这样一句话："如果人们做事的方式不会因为你的存在而改变，你就没有实施领导。"这里的领导指用心的领导,就是通过争取人心而影响他人,借助心灵的力量引导群体活动达到共同目标。

在一部名为《兵临城下》的战争片中,有一段对话准确地诠释了用心的领导与僵硬的管理的异同。故事的背景是第二次世界大战时期,苏联红军在斯大林格勒(现名伏尔加格勒)与德军展开殊死较量。当时德军势头凶猛,而苏军却节节溃退。苏军元帅在震怒之下问手下的军官怎样才能守住阵地。

一位军官建议:"对所有背叛、逃跑的军官和士兵杀无赦,以此加强纪律。"

另一位军官则说:"我们要树立一位英雄来激励他们(士兵),必须给他们希望,给他们勇气,激发他们对祖国的爱,让他们相信我们最终会取得胜利,只有这样我们才能创造奇迹。"

元帅采纳了第二位军官的建议,向苏军士兵宣传一位多次死里逃生、以一敌十的战斗英雄。英雄形象的树立为苏军带来了希望,最终击退了德军,取得了战争的胜利。

从本质上看,第一种建议是要加强管理,着重于计划与控制;而第二种建议则是要加强领导,着重于建设远景与激励,获取人心。 这两种建议凸显了领导与管理的不同。

提升组织绩效的关键就在于获取人心。当领导者以自己的热情、信念、勇气、信心和忠诚博得了组织成员的人心的时候，令领导头疼的一切问题——诸如员工的惰性、不忠诚、激励乏力等都会迎刃而解，组织会变得更有效率，执行力会大幅提高，事业也会得到长足的发展。